명필과 유래 고사성어로 배우는

한자학습의 길잡이

五體
名筆

韓石峰千字文

恩光社

●永字八法●

永字는 모든 筆法을 具備하고 있어서 이 '글자에 依하여 運筆法이 說明되었으며, 이 書法을 永字八法이라 부른다.

① 측(側)은 모든 '점'의 기본이며, 가로 눕히지 않는다.

② 늑(勒)은 가로 긋기이며 수평을 꺼린다.

③ 노(努)는 내려 긋기이며 곧바로 내려 힘을 준다.

④ 적(趯)은 갈고리이고 송곳 같은 세력을 요한다.

⑤ 책(策)은 지침이며 우러러 거주면서 살며시 든다.

⑥ 약(掠)은 빼침으로서 왼쪽을 가볍게 흘겨준다.

⑦ 탁(啄)은 짧은 빼침으로 높이 들어 빨리 빼친다.

⑧ 책(磔)은 파임이고, 고요히 대어 천천히 옮긴다.

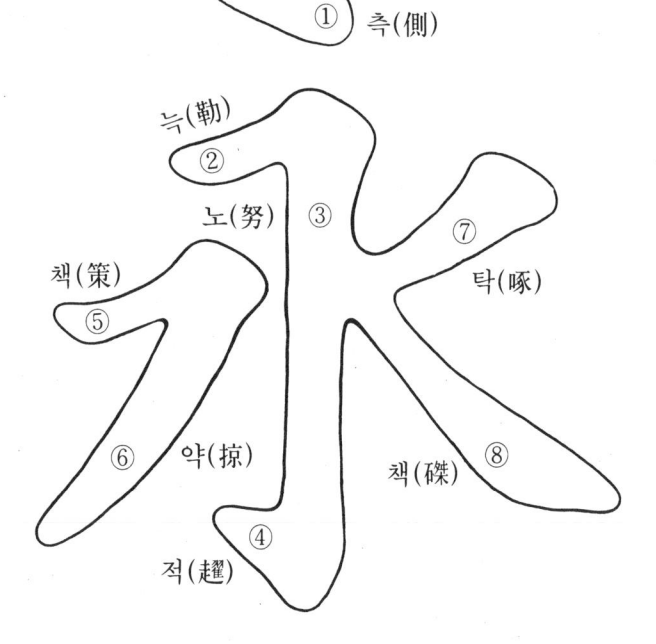

1. 필순의 기본 원칙
위에 있는 점·획이나 부분부터 쓰기 시작하여 차츰 아랫부분으로 써 내려간다.

　예) 喜 (一 ナ ㅎ ㅎ 효 효 喜)　　工 (一 丁 工)

　　　言 (一 二 三 글 글 言 言)　　三 (一 二 三)

2. 왼쪽에서 오른쪽으로
왼쪽에 있는 점·획이나 부분부터 쓰기 시작하여 차츰 오른쪽으로 써 나간다.

　예) 川 (丿 刂 川)　　順 (丿 刂 川 順)　　側 (亻 倶 倶 側)

3. 차례를 바꿔쓰기 쉬운 한자
　예) 丨 屮 屮 出 出 (○)　　丨 厂 匝 臣 臣 (○)　　丨 冂 旧 尹 児 (○)

　　　丿 凵 屮 中 出 (×)　　一 厂 匚 臣 臣 (×)　　冂 月 旧 尹 児 (×)

4. 한자의 필순
하나의 한자를 쓸 때의 바른 순서를 필순 또는 획순이라 한다. 한자는 바른 순서에 따라 쓸 때, 가장 쓰기 쉬울 뿐 아니라 빨리 쓸 수 있고, 쓴 글자의 모양도 아름다와진다.

머리말

―천자문(千字文)의 올바른 이해를 위하여

천자문은 단순히 일천자의 한자로 이루어진 것이 아니라 옛 사람들의 지혜와 사상, 우주를 이해할 수 있는 넓고 깊은 철학이 담긴 시집(詩集)이며 문장이다.

이 천자문의 유래를 보면 천자문은 후량(後梁)때의 사람 주흥사(周興嗣)가 지은 것으로 전해진다. 주흥사라는 글 잘하는 사람이 왕에게 죄를 지어 죽음의 벌을 받게 되었을 때 왕이 그의 재주를 아까와 하여 그에게 하룻밤 동안에 글자 천자를 사용하여 사언절구(四言節句)의 문장(文章)을 지으면 죄를 용서해 주겠다고 한다. 주흥사는 그날밤으로 한자 천자를 사용하여 글을 짓기 시작하였는데 너무 열심히 지은 나머지 다음날 그의 머리가 하얗게 세어 버렸다. 그래서 천자문을 백수문이라고 부르기도 한다.

이렇게 해서 250구, 125절의 대문장(大文章)이 만들어졌는데 이책을 통해 현대의 감각으로 한문에 대한 인식과 흥미를 높이고 한자(漢字)습득을 바르게 이끌고자 애썼다.

오늘날에 이르러 한문의 깊은 뜻과 의미를 생각하지는 않게 되었지만 한문이 지닌 근본 묘리(妙理)를 이해한다는 의미에서 '천자문'을 한번쯤 알아 둘만 하겠다.

◆차 례◆

· 영자팔법 (永字八法) / 2
· 머리말―천자문(千字文)의 올바른 이해를 위하여 / 4
· 천자자음색인(千字文玉篇) / 5
· 원본신해삼체천자문(原本新解三体千字文) / 9 體
· 상용한자(常用漢字)1,800자 / 134
· 펜글씨 숫자 · 속자(數字 · 俗字) / 142

千字文玉篇
천자자음색인

가 可 32
家 71
駕 73
假 81
稼 90
軻 93
嘉 96
歌 115
佳 125
각 刻 74
간 簡 119
갈 竭 40
碣 88
감 敢 28
甘 48
感 78
鑑 95
갑 甲 64
강 岡 14
薑 16
羌 23
絳 106
糠 110
康 116
개 芥 16
蓋 27
改 30
皆 125
갱 更 80
거 巨 15
去 48
據 61
車 73
鉅 88
居 100
渠 103
擧 115
건 建 35
巾 112
검 劍 15
견 堅 59
見 99
遣 102
결 結 13
潔 113
겸 謙 94
경 景 34
慶 37
競 38
敬 39
竟 46

京 60
涇 61
驚 62
經 69
卿 70
輕 73
傾 77
계 啓 64
階 66
溪 75
鷄 87
誡 97
稽 118
고 羔 33
姑 52
鼓 65
稾 69
高 72
皐 98
古 101
故 111
顧 119
孤 132
곡 谷 36
穀 72
曲 76
곤 崑 14
困 80
昆 88
鵾 106
공 拱 22
恭 28
空 36
孔 53
功 74
公 77
貢 92
恐 118
工 126
과 果 16
過 30
寡 132
관 官 18
觀 62
冠 72
광 光 15
廣 67
匡 77
曠 89
괴 槐 70
괵 虢 81

교 交 54
矯 116
巧 124
구 駒 25
驅 72
九 85
求 101
具 109
口 109
舊 111
懼 118
垢 120
矩 130
국 國 20
鞠 28
군 君 39
群 68
軍 83
郡 85
궁 宮 62
躬 97
권 勸 92
궐 闕 15
厥 96
귀 歸 24
貴 49
규 規 54
균 鈞 124
극 克 34
極 97
근 謹 94
近 98
根 105
금 金 14
禽 63
琴 123
급 及 26
給 71
긍 矜 131
기 豈 28
己 31
器 32
基 46
氣 53
旣 68
綺 78
起 83
幾 94
其 96
譏 97
機 99

飢 133
饑 110
璣 128
길 吉 129
난 難 32
남 男 29
南 91
藍 114
납 納 66
낭 囊 107
내 奈 16
乃 19
內 67
녀 女 29
년 年 127
념 念 34
농 農 90
능 能 30
다 多 79
단 短 31
端 35
丹 84
달 達 67
담 淡 17
談 31
답 答 119
당 唐 20
堂 36
當 40
棠 48
덕 德 35
대 大 27
對 64
岱 86
帶 131
도 陶 20
道 22
都 60
圖 63
途 81
盜 122
독 篤 45
獨 106
讀 107
犢 121
돈 敦 93
頓 116
동 冬 11
同 53
動 57
東 60

世73	상 霜13	본 本90	문 文19	利125	洞88
税92	翔17	봉 鳳25	問22	린 鱗17	桐104
소 所46	裳19	奉51	門87	림 林98	두 杜69
素93	常27	封71	聞132	립 立35	득 得30
疏99	傷28	부 父39	물 物58	마 磨54	등 騰13
逍101	上50	夫50	勿79	摩106	登47
霄106	相70	婦50	미 靡31	막 莫30	等132
少111	賞92	傳51	美45	漠84	라 羅70
嘯123	箱107	浮61	麋59	邈89	騾121
笑126	象114	府70	微76	만 萬26	락 洛61
邵129	床114	富73	민 民21	滿58	落105
속 屬108	觴115	阜76	密79	晚104	란 蘭42
續117	嘗117	扶77	박 薄41	망 忘30	랑 朗127
俗125	顙118	俯130	반 盤62	岡31	廊130
束131	詳119	분 分54	磻75	邙61	래 來11
손 殞109	想120	墳68	飯109	莽103	량 良29
솔 率24	새 塞87	紛125	叛122	亡122	量32
송 松42	색 穡90	불 不43	발 發21	매 寐114	糧111
悚118	色95	弗55	髮27	每127	凉120
수 收11	索100	비 悲33	방 方26	맹 盟81	려 麗14
水14	생 生14	非38	傍64	孟93	慮101
垂22	笙65	卑49	紡112	면 面61	력 力40
首23	서 暑11	比52	房112	綿89	歷103
樹25	西60	匪56	배 背61	勉96	련 輦72
殊49	書69	飛62	陪72	眠114	렬 列10
隨50	黍91	肥73	林115	멸 滅81	烈29
受51	庶94	枇104	拜118	명 鳴25	렴 廉56
守58	석 席65	碑74	徘131	名35	령 靈63
獸63	石88	빈 賓24	백 白25	命40	聆95
宙89	夕114	頻126	伯52	明67	領130
誰99	釋125	사 師18	百85	銘74	례 禮49
手116	선 善37	四27	魄128	冥89	로 露13
修129	仙63	使32	번 煩82	모 慕29	路70
숙 宿10	宣84	絲33	벌 伐21	母51	勞94
夙41	禪86	事39	법 法82	貌95	老111
叔52	膳109	似42	벽 璧38	毛126	록 祿73
孰76	扇113	斯42	壁69	목 木26	론 論101
俶91	璇128	思44	변 弁66	睦50	뢰 賴26
熟92	설 設65	辭44	辨95	牧83	료 僚123
淑126	說78	仕47	별 別49	目107	룡 龍18
순 筍114	섭 攝47	寫63	병 丙64	몽 蒙132	루 樓62
瑟65	성 成12	舍64	兵71	묘 杳89	累102
合 習36	聖34	肆65	幷85	畝91	陋132
陞66	聲36	士79	秉93	妙125	륜 倫124
承67	盛42	沙84	竝125	廟130	률 律12
시 始19	誠45	史93	보 寶38	무 無46	륵 勒74
恃31	性57	謝102	步130	茂74	릉 凌106
詩33	星66	嗣117	복 服19	武78	리 李16
是38	城87	祀117	伏23	務90	履41
時75	省97	射123	覆32	묵 墨33	離55
市107	세 歲12	산 散101	福37	默100	理95

6

濟77	장 張10	綏129	王24	언 言44	侍112
祭117	藏11	육 育23	요 寥100	焉133	施126
조 調12	章22	윤 閏12	遥101	엄 嚴39	失127
鳥18	場25	尹75	飂105	奄76	식 食25
弔21	長31	융 戎23	要119	업 業46	息43
朝22	帳64	은 殷21	曜127	여 餘12	寔79
造55	將70	隱55	욕 欲32	呂12	植96
操59	墻108	銀113	辱98	與39	신 臣23
趙80	腸109	음 陰38	浴120	如42	身27
組99	莊131	音95	용 容44	驢121	信32
條103	재 在25	읍 邑60	用83	역 亦68	愼45
早104	才29	의 衣19	庸94	연 緣37	神57
凋104	載91	宜45	우 宇9	淵43	新92
糟110	宰110	儀51	雨13	連53	薪129
釣124	再118	義56	羽17	莚65	실 實74
照128	哉133	意58	虞20	讌115	심 深41
眺131	적 積37	疑66	優47	姸126	甚46
助133	籍46	이 邇24	友54	열 悅116	心57
족 足116	跡85	以48	右67	熱120	尋101
존 存48	赤87	而48	禹85	염 染33	審119
尊49	寂100	移58	寓107	厭110	아 兒52
종 終45	的103	二60	祐129	恬124	雅59
從47	適109	伊75	愚132	엽 葉105	阿75
鍾69	績112	貽96	운 雲13	영 盈10	我91
宗86	嫡117	易108	云86	映43	악 惡37
죄 罪21	賊122	耳108	運106	令45	樂49
좌 坐22	전 傳36	異111	울 鬱62	榮46	嶽86
左67	顚56	익 益48	위 爲13	詠48	안 安44
佐75	殿62	인 人18	位20	楹64	鴈87
주 宙9	轉66	因37	渭61	英68	알 斡128
珠15	典68	仁55	魏80	纓72	암 巖89
周21	翦83	引130	威84	營76	앙 仰130
州85	田87	일 日10	委105	寧79	애 愛23
主86	牋119	壹24	煒113	永129	야 夜15
奏102	절 切54	逸57	謂133	예 黎23	野88
晝114	節56	임 臨41	원 遠89	隸69	也133
酒115	접 接115	任124	園103	乂79	약 若44
誅122	정 貞29	입 入51	垣108	譽84	弱77
준 俊79	正35	자 字19	圓113	藝91	約82
遵82	定44	資39	願120	翳105	躍121
중 重16	政47	子52	월 月10	豫116	양 陽12
中94	靜57	慈55	유 有20	오 五27	讓20
즉 即98	情57	自59	惟28	梧104	養28
증 增97	丁78	紫87	維34	옥 玉14	羊33
蒸117	精83	玆90	流43	온 溫41	兩99
지 地9	亭86	姿126	猶52	외 外51	驤121
知30	庭88	者133	猷96	畏108	어 於90
之42	제 帝18	작 作34	遊106	완 宛107	魚93
止44	制19	爵59	攸108	阮123	飫110
枝53	諸52	잠 潛17	輶108	왈 曰39	御112
志58	弟53	箴54	帷112	왕 往11	語133

7

持 59
池 88
祇 96
紙 124
指 129
직 職 47
稷 91
直 93
진 辰 10
珍 16
盡 40
眞 58
振 72
晋 80
秦 85
陳 105
집 集 68
執 120
징 澄 43
차 此 27
次 55
且 116
찬 讚 33
찰 察 95
참 斬 122
창 唱 50
채 菜 16
采 63
책 策 74
처 處 100
척 尺 38
陟 92
慼 102
戚 111
천 天 9
川 43
賤 49
千 71
踐 81
첨 瞻 131
妾 112
牒 119
청 聽 36
淸 41
靑 84
체 體 24
초 草 26
初 45
楚 80
招 102
超 121

誚 132
촉 燭 113
촌 寸 38
총 寵 97
최 最 83
催 127
추 秋 11
推 20
抽 103
축 逐 58
출 出 14
黜 92
충 忠 40
充 109
취 取 43
吹 65
聚 68
翠 104
측 昃 10
則 40
惻 55
치 致 13
侈 73
馳 84
治 90
恥 98
칙 勅 94
친 親 111
칠 漆 69
침 沈 100
칭 稱 15
탐 耽 107
탕 湯 21
태 殆 98
택 宅 76
토 土 81
퇴 退 56
통 通 67
투 投 54
특 特 121
파 頗 83
杷 104
팔 八 71
패 沛 56
霸 80
팽 烹 110
평 平 22
폐 陛 66
弊 82
포 飽 110
捕 122

布 123
표 表 35
飄 105
피 被 26
彼 31
疲 57
필 必 30
筆 124
逼 99
하 河 17
遐 24
下 50
夏 60
何 82
荷 103
학 學 47
한 寒 11
漢 78
韓 82
閑 100
함 鹹 17
합 合 77
항 恒 86
抗 97
해 海 17
解 99
骸 120
駭 121
행 行 34
幸 98
허 虛 36
현 玄 9
賢 34
縣 71
絃 115
懸 128
협 夾 70
형 形 35
馨 42
兄 53
衡 75
刑 82
혜 惠 78
호 皓 123
號 15
好 59
戶 71
乎 133
홍 洪 9
회 懷 53
回 78

會 81
晦 128
徊 131
획 獲 122
횡 橫 80
화 火 18
化 26
禍 37
和 50
華 60
畵 63
환 桓 77
歡 102
紈 113
丸 123
環 128
황 黃 9
荒 9
皇 18
煌 113
惶 118
효 效 29
孝 40
후 後 117
훈 訓 51
휘 暉 127
훼 毀 28
휴 虧 56
흔 欣 102
흥 興 41
희 義 127

天地 천지

　하늘의 높이는 끝이 없다 했고, 또 중탁(重濁)한 것이 땅이 되었다 했다. 천지는「높은 하늘과 큰 땅덩어리」인 것이다.

玄黃 현황

　현(玄)은 검붉은 색이라 했다. 또 황은 땅 빛이라고 했다. 현황은 하늘은 검붉고 땅은 황색이라는 뜻이다. 황은 중국 국토를 대표하는 것인데 황하·황해 등의 어원(語源)인 것이다.

宇宙 우주

　우(宇)는 지붕이 사방을 덮은 모양이라 했다. 주(宙)는 과거 현재 미래로의 무한한 시간의 뜻이다. 천체를 포함한 전공간의 우주인 것이다.

洪荒 홍황

　홍(洪)은 하천이 넘친다는 뜻이고 황(荒)은 잡초가 무성하여 분별하기 어렵다는 자의이다. 홍황은「넓고 넓은 미개의 신천지」라 풀이할 수 있다.

●천지로 시작된 이 천자문은 무궁하고 광대무변한 대공간을 우리에게 되새기게 한다. 책의 첫머리에 천지와 우주의 상황을 설명하여, 그 내용을 장중심원(莊重深遠)하게 만들었다.

天 하늘 천. 만물의 주재자.
地 따 지. 지위 지.
玄 검을 현. 하늘 현.
黃 누를 황. 늙은이 황.
宇 집 우. 성품 우.
宙 집 주. 동량 주.
洪 클 홍. 큰물 홍.
荒 거칠 황. 버릴 황.

日月 일월

　일(日)은 태양의 실형(實形)이요. 태양의 청(精)은 이지러지지 않는다고 했다. 그러나 달은 이지러졌다가 찼다가 한다. 여기에서의 일월은 해와 달의 뜻. 일월은 군주와 왕후를 가리킬 때가 있고 광음(光陰)을 나타낼 때도 있음.

盈昃 영측

　영은 달의 충만이요 측은 해가 서쪽으로 기울어진다는뜻이다. 해는 하늘의 한가운데 이르면 기울어지고 달은 둥글게 차면 조금씩 이지러지게 마련이니 하늘과 땅의 차고 비는 이치가 때와 함께 움직인다는 말이다.

辰宿 진숙

　성좌, 즉 별자리의 뜻.

列張 열장

　별이 각각 그 위치에 자리잡고 대공에 늘어섰다는 뜻.

●해와 달과 별의 움직임, 곧 기울고 솟아오르고 이지러지고 차고 움직이는 진리는 인생에게도 통한다. 서산에 지는 해는 무언가 인생에게 비애를 느끼게 하지만 이튿날이면 새로운 생명의 불타는 모습을 나타낸다. 그리하여 천지의 신비성을 새삼스럽게 느끼게 한다.

日 날 일. 날짜 일 일.
月 달 월. 세월 월.
盈 찰 영. 남을 영.
昃 기울 측. 하오 측.
辰 별 진. 지지 진.
宿 잘 숙. 지킬 숙.
列 벌릴 렬. 베풀 렬.
張 베풀 장. 장막 장.

日月盈昃 辰宿列張

날 일　일 丨冂月日日　日 日

달 월　ノ月月月　月 月

찰 영　ノ乃丒丒盈盈　盈 盈

기울 측　丨冂日尸昃昃　昃 昃

별 진　一厂戶戶辰辰辰　辰 辰

잘 숙　宀宀宿宿宿　宿 宿

베풀 렬　一ブ歹列列　列 列

베풀 장　弓引張張張張　張 張

10

寒來 한래

　한(寒)은 얼어붙는 것이라했다. 본귀는 역(易)의 계사하의 「추위가 가면 더위가 오고 더위가 가면 추위가 온다」에서 취한 글이다.

暑往 서왕

　더위는 열이라 했다. 왕(往)은 「걸어가다」가 그 본의이다. 추위가 오다의 어원은 전조에서 이미 기술했다.

秋收 추수

　가을(秋)은 곡식이 익는 것이라 했다. 또 수(收)는 잡는 것이라 했으니 「수확」을 말함이다. 추수는 「가을철에 거둬들인다」는 뜻이다.

冬藏 동장

　겨울(冬)은 四시의 다하는 것이다 라고 했고, 장(藏)은 감추는 것이다 라고 했다. 즉 감춘다는 것은 모든 양기가 땅 속으로 들어가 폐장(閉藏)된다는 뜻이다. 동장(冬藏)은 동면과 동의 같은 글귀라 할 수 있다. 곧 「겨울에 숨는다」 「겨울에 감추다」가 동장의 뜻이다.

●추위가 오니 더위는 가고 가을에는 수확하여 겨울을 위해 저장한다. 더운여름이 가고 시원한 가을을 맞음과 같이 겨울이 오면 봄이 가까움을 안다.

寒 찰 한. 서늘할 한.
來 올 래. 미래 래.
暑 더울서. 여름 서.
往 갈 왕. 이따금 왕.
秋 가을 추.
收 거둘 수. 잡을 수.
冬 겨울 동.
藏 감출 장. 숨을 장.

- **閏餘 윤여**

　윤(閏)은 여분의 달이며 5년마다 닥친다고 했다. 여(餘)는 넉넉하다는 것이 그 본의이다. 역법에 보면 음력으로는 1년에 10일이 남아 돈다. 3년이면 한 달이 남는 셈이다. 이에 요 임금은 윤달을 두어 해를·조절하였다. 윤여는「윤달」인 것이다.

- **成歲 성세**

　성(成)은 성사라고 했다. 세(歲)는 목성(木星)이라 했다. 목성은 12개월에 1차씩 운행하여 12년에 일순(一巡)하므로 12개월의 1차를 1년으로 한다. 성세는「해를 정한다」는 뜻이다.

- **律呂 율려**

　율(律)은 고르게 한다라고했다. 여(呂)는 척뼐 곧 등살뼈인데 집운(集韻)에서 음률로 전의하였다. 율려는「음률을 고르게 한다」는 뜻이다.

- **調陽 조양**

　조는 화합하게 하는 것이고 양의 본의는「남쪽의 양지」라는 뜻이다. 곧 조양은 조음양에서 음자를 생략한 것인데 음양의 이기를 조절한다는 뜻.

閏 윤달 윤. 윤택할 윤.
餘 남을 여. 여분.
成 이룰 성.
歲 해 세. 목성 세.
律 법 률. 가락 률.
呂 풍류 려. 등뼈 려.
調 고를 조. 가락 조.
陽 볕 양. 양기 양

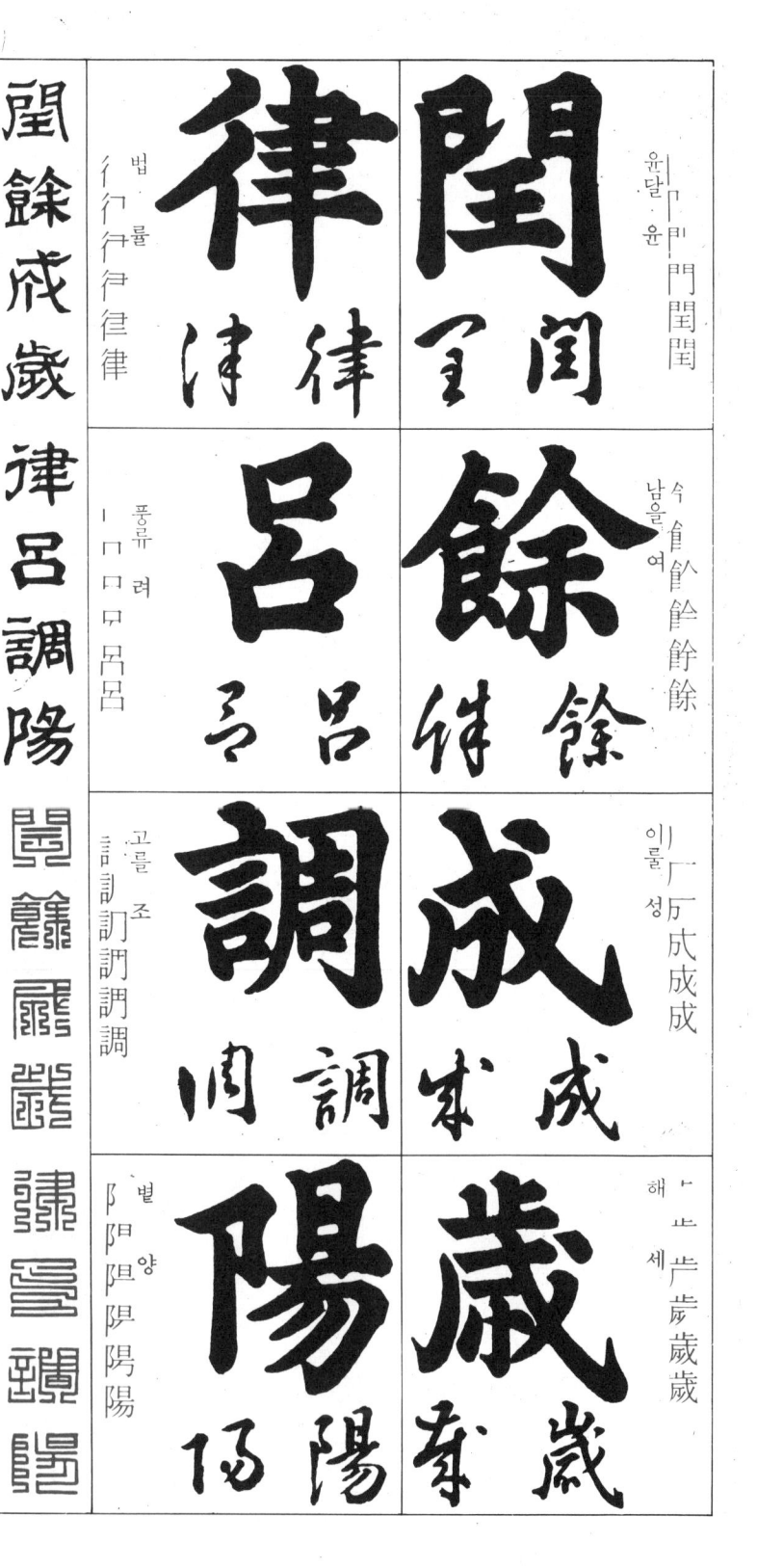

雲騰致雨 운등치우

구름이 올라가서 비를 이룬다. 운(雲)은 산천의 기운이라고 했다. 또 등(騰)에 대해서는 광아석고에 상야(上也)라 했으니 즉「오른다」는 뜻이다. 치(致)는 송치야(送致也)라 했으니「보내서 이르게 한다」의 뜻이다.

露結爲霜 노결위상

노(露)는「윤택하게 하는 이슬」로 풀이된다. 결(結)은 체야라 했으니 엉기는 것을 가리킨다. 위(爲)는 성(成)으로 뜻이 변전되었고, 상(霜)은 상이라 했으니「만물을 상실케 하는 것」으로도 풀이된다. 노결위상은「이슬이 엉기어 서리가 된다」의뜻이다.

● 본절은 음양 2기의 작용을 설명한 글이다. 비와 이슬의 윤택한 것은 풀과 나무를 물오르게 하여 자라게 하고 반대로 서리의 엄하고 사나움은 초목을 마르게 한다. 이절에서 우리는 자연 현상의 기묘한 변화 속에서 인생사(人生事)의 교훈을 발견한다.

雲 구름 운.
騰 오를 등. 날 등.
致 이를 치. 부를 치.
雨 비 우.
露 이슬 로. 드러날 로.
結 맺을 결.
爲 할 위. 다스릴 위.
霜 서리 상. 해 상.

월하빙인 (月下氷人) 월하노(月下老)와 빙상인(氷上人)이란 말을 묶어 결혼 중매를 하는 사람을 일컫는다.

雲騰致雨
露結爲霜

雲
騰
致
雨
露
結
爲
霜

露 이슬 로

雲 구름 운
一二三严严雪雪雪雪雪

騰 오를 등
月胪胖胖腾腾腾

結 맺을 결
纟 糸 紈 結 結

爲 할 위
爫 爫 爫 爭 爭 爲

致 이를 치
一 至 至 到 致 致

霜 서리 상
一二严雷雷霜霜

雨 비 우
一二冂币雨雨

13

金生麗水 금생여수

　　　금(金)은 오색금야라 했으니 五색이 나는 금속인 것이다. 생(生)은 진야라 했으니 생물이 땅 위에서 성장하는 모습이다. 여(麗)는 광아석고에서 호야(好也)라 했으니 곱다는 뜻이다. 수(水)는 물이다. 「사금이 여수에서 나도다」가 금생여수의 풀이이다.

玉出崑岡 옥출곤강

　　　옥색지미야라 했으니 돌의 가장 아름다운 것이 옥(玉)이다. 출(出)은 진야(進也)라 했으니 생(生)과 같이 초목이 성장 출생하는 모양이다. 곤(崑)은 곤륜산 이고 강(岡)은 산등성이라는 뜻이다. 「옥은 곤륜의 산등성이에서 나도다」가 옥출곤강 의 뜻이다.

● 사금이 나는 여수의 위치에는 구구한 설이 있다. 한비자는 「형남지지 여수지중 생금 인다절채금이라」 했는데 곧 형남의 땅, 여수에서 금이 나는데 사람들이 자주 절취 채금한다는 뜻이다. 또 운남성(雲南省) 금사강을 드는 사람도 있다.

金 쇠금. 금 금.
生 날 생. 백성 생.
麗 고을 려. 빛날 려.
水 물 수. 수성 수.
玉 구슬 옥. 사랑할 옥.
出 날 출. 뛰어날 출.
崑 산이름 곤.
岡 산등성이 강. 언덕 강.

쇠/금　ㅅㅅ수수金金

날/생　ノ一牛牛生

고을/려　冖麗麗麗麗麗

물/수　ﾉﾌ水水

구슬/옥　一ﾆｧ千王玉

날/출　ㅣﾄ中出出

산이름/곤　山峕峕峕崑崑

산등성이/강　门门冂岡岡岡

玉　生

出　麗

崑　水

岡

劍號巨闕 검호거궐

거궐이라는 명검이 있다. 거궐은 고대 4대 명검중의 하나이다. 순자(荀子) 성악편(性惡篇)에 간장, 막야, 거궐 벽려는 모두 옛날의 양검이라고 했다.

珠稱夜光 주칭야광

주(珠)는 「합중정음」이라 했는데 본의는 곧 조개에 있는 진주인 것이다. 칭(稱)은 이아 석고에 칭부지모왈고라 했는데 「남편의 어머니는 시어머니라 일컬으다」의 풀이 중 「일컬으다」의 뜻이다. 주칭야광(珠稱夜光)은 「구슬로는 야광(夜光)을 일컫는다」가 그 본의다.

그러면 야광(夜光)이란 무엇이냐? 속박물지(續博物志)에 보면 구슬에는 아홉가지 종류가 있다. 1치 5푼 이상으로부터 1치 8.9 푼까지의 크기로 된 것이 제일 큰 것으로서 광채가 있다고 했다. 또 술이기에 보면 남쪽 바다에 구슬이 있으니 즉 경목이다. 이것은 밤에도 물건을 비쳐 볼 수가 있기 때문에 야광주라고 한다고 했다. 야광은 어두운 밤에도 물건을 비칠 만큼 밝은 빛이 나는 구슬이다.

劍 칼 검. . 죽일 검.
號 이름 호. 부르짖을 호.
巨 클 거. 많을 거.
闕 대궐 궐. 궐할 궐.
珠 구슬 주.
稱 일컬을 칭. 이름 칭.
夜 밤 야.
光 빛 광.

15

果珍李奈 과진리내

　과(果)는 나무열매라고 했다.
진(珍)은 보배라고 했으니,
곧 귀하다는 뜻이다. 이(李)
는 과야(果也)라 했으니 오
얏, 즉 자두이다. 내는 벗나
무 열매이다.
　본초에 보면「오얏에는 녹리·
황리·자리·우리· 수리가
있는데 이것 들은 모두 맛이
좋아서 먹을만하다.」
　또 내는 벗이라고도 하고 사
과라고도 하며, 중국북쪽 지
방에서 나던 과일인데 사과
와 비슷하다고 한다. 이것은
말려서 먹어야 맛이 좋다고
한다. 서경잡기(四京雜記)에
보면「벗에는 세 가지가 있
으니 백내 자내 녹내가 있다.
과일 중에서는 오얏과 벗이
가장 진귀하다는 뜻이다.

菜重芥薑 채중개강

　채(菜)는 식용 소채이다. 중
(重)은 존귀하다는 뜻이고,
개(芥)는 겨자이며 강은 생
강이다. 소채 중에서는 겨자
와 생강을 가장 소중히 여긴
다는 뜻이다.
●식물(食物) 중에서 어느 것
인들 소중하지않으랴마는 그
중에서도 과일로는 오얏과
벗열매를 으뜸으로 치고 소
채 중에는 겨자와 생강이 가
장 귀중한 것이라는 뜻이다.

果 실과 과. 날랠 과.
珍 보배 진. 회귀할 진.
李 오얏나무 리. 오얏 리.
奈 사과 내. 어찌 내.
菜 나물 채. 찬 채.
重 무거울 중. 거듭할 중.
芥 겨자 개. 티끌 개.
薑 생강 강.

海鹹河淡 해함하담

다닷물은 짜고 강물은 싱겁
다. 바다는 백천(百川)이 귀
납하는 곳이다. 함은 짠 맛
이라 했고, 하(河)는 아래로
흐르는 물이라 했다. 담(淡)
은 곧 싱거운 맛이라 했다.
이라의 글에「냇물은 모두 산
에서 시작한 샘물로서 그 맛
이 반드시 싱겁다」고 했다.

鱗潛羽翔 인잠우상

비늘 있는 고기는 물속에 잠
기고 날개 있는 새는 공중을
난다.

인(鱗)은 어갑(魚甲)이라 했
으니 비늘이다. 잠(潛)은 물
속을 섭렵한다는 뜻이다. 우
는 새의 장모(長毛)라 했으
니 새의 깃이다. 상은 회비
야(回飛也)라 했으니 선회하
며 자유롭게 나는 것을 말한
것이다.

● 비늘을 가진 어류는 물속에
잠기고 날개를 가진 조류가
대공을 나는 현상은 참으로
자연계의 적재 적소의 생존
원칙을 새삼스럽게 상기시켜
준다.

海 바다 해. 바닷물 해.
鹹 짤 함. 소금기 함.
河 물이름 하. 운하 하.
淡 싱거울 담. 엷을 담.
鱗 비늘 린.
潛 잠길 잠. 숨을 잠.
羽 날개 우. 깃 우.
翔 날 상. 돌 상.

선즉제인(先則制人) 한서의 항적
전에 「선발(先發)하면 남을 제
압(制壓) 하고, 후발(後發) 하
면 남에게 제압(制壓) 당한다」
로 흔히 늦으면 남에게 제압된
다로 쓰이고 있다.

龍師 용사

　복희씨의 대칭이다. 복희 시대에 용이 나타나 길조를 나타냈으므로 복희씨는 용을 가지고 벼슬을 이름했다. 「용은 비늘 가진 충류의 장으로 유명이 자유롭고 작아졌다가 커졌다가 짧았다가 길었다가 함을 자재로하여 춘분에는 등천하고 추분에는 못에 잠긴다고 했다.

鳥官 조관

　소호씨를 의미한다. 한서 백관공경표 서(序)에 「소호조사 조명」이라 했는데 새 (봉황)가 나타나 상서로움을 예시했으므로 소호를 조사(鳥師)라고 부르며 또 새 이름으로 관명을 삼았다는 것이다.

人皇 인황

　태고시대의 인황씨라는 제왕을 가리킨 말. 춘추보건도에 천황·지황·인황 등 형제 9인이 있었는데 9형제는 9주로 분할하여 천하를 다스렸다고 한다.

●시대순으로 보면 인황(人皇), 용사(龍師), 화제(火帝) 의 순으로 되어야 하겠으나 압운상 인황 2자를 하위로 돌린 것이다.

　고대 중국의 제왕에는 용사가 있었고 또 화제(神農氏), 조관이 있었고 그 전에는 인황씨가 있었다.

龍 용 룡.

師 스승 사. 군사 사.

火 불 화. 등불 화.

帝 임금 제. 하느님 제.

鳥 새 조.

官 벼슬 관. 마을 관.

人 사람 인. 남 인.

皇 임금 황. 춤 황.

18

始制文字 시제문자

　　비로소 문자를 제정하였다. 상고에는 글자가 없어 노끈을 맺어 놓아 남과 약속을 하는 등 그 불편함이 형용할 수조차 없었다. 그래서 복희씨 때에 비로소 글자를 만들어 기록하게 했다고 한다. 또 문자 제정자가 창힐이라고, 하지만 은대(殷代)에 이미 갑골문자가 있었다고 하는 설이 유력하다.

乃服衣裳 내복의상

　　이리하여 의상은, 만들어져 착용하게 되었다. 의상은 상하의를 말하는 것인데, 그때까지는 짐승 가죽으로 몸을 가린 것에 불과했던 것을 호조라는 사람이 처음으로 옷을 만들어 입도록 가르쳤다고 한다.

●인류 사회에 제도가 있는 이상 언어와 글자가 없을 수 없다. 중국에서는 상고시대에 벌써 글자를 만들었던 것이다.

始 비로소 시. 처음 시.
制 정할 제. 지을 제.
文 글월 문. 글자 문.
字 글자 자. 자 자.
乃 이에 내. 어조사 내.
服 옷 복. 좇을 복.
衣 옷 의.
裳 치마 상.

조강지처(糟糠之妻) 후한의 세조 광무제가 그의 누이인 호양공주가 송홍을 사모하고 있음에 그를 떠보자 송홍이 대답한 말로 「빈천할 때의 친교는 잊을 수 없고 조강지처는 당에서 내리지 않는다」에서 기인, 조강은 재강과 겨다.

推位 추위

지위를 타인에게 천이한다는 뜻. 설문에 추(推)는 물리치는 것이라고 했으나 그 본의는 「천이」가 옳다. 위(位)는 제위(帝位)를 말한다.

讓國 양국

나라를 선양한다는 뜻. 양은 넘겨주다. 요는 순에게, 순은 우에게 나라를 넘겨 주었던 것이다.

有虞 유우

유는 어조사로 쓴 헛글자다. 우는 원래 순이 살던 땅 이름인데 순은 이 우를 자기의 성으로 삼았고, 천자가 된 뒤에는 나라 이름을 삼았다. 유우는 순임금을 지칭한다.

陶唐 도당

요(堯)임금의 칭호가 도당이다. 요임금은 처음에 도라는 곳에 살다가 당이란 땅으로 옮겼으므로 이 두 땅을 합쳐서 쓴 것이다.

● 원래가 요는 순의 전대 이므로 도당 유우라 할 것이나, 협운상 전도하여 배치한 것이다.

요제의 아들 단주(丹朱)·순제의 아들 상균(商均)은 다 같이 불초했다고는 하나 나라의 앞날을 위해 불란을 미연에 방지한 요·순 두 분이야 말로 성제(聖帝)이다.

推 옮을 추. 밀 추.
位 자리 위. 분 위.
讓 넘겨줄 양. 사양할 양.
國 나라국. 국가.
有 있을 유. 소유 유.
虞 순임금성 우. 생각할 우.
陶 사람이름 도. 질그릇 도.
唐 당나라 당. 황당할 당.

弔民 조민

　조(弔)는 죽은 사람의 영혼을 위로하는 데에도 쓰고 곤란한 일을 당한 사람을 불쌍히 여겨 위로한다는 뜻으로도 쓴다. 조민(弔民)은 백성을 사랑하여 위문한다는 뜻이다.

伐罪 벌죄

　치는 것이다. 벌죄는 허물을 치는 것이다.

周發 주발

　주나라를 세운 발이 곧 주발이다. 후일의 무왕이다. 은나라의 주왕이 성질이 잔인하고 포악해서 백성들을 학대했기 때문에 그의 신하이면서도 주왕을 정벌했던 것이다.

殷湯 은탕

　은나라 탕왕의 약칭이 곧 은탕이다. 탕왕은 무왕이 은나라를 멸한 것과 같이 폭군인 하(夏)나라 걸왕을 정벌하고 은나라를 세웠다. 원래는 상(商)나라라고 하였는데 하남성의 은(殷)으로 도읍을 옮긴 후에 은 나라로 개칭하였다.

●시대순으로 보아 은탕 주발이어야 하지만 탕자의 압운상 주발을 탕으로 환치한 것이다. 상고의 중국에도 성왕만이 나온 것은 아니었음을 알겠다.

弔 위문할 조. 조상할 조.
民 백성 민.
伐 칠 벌. 벨 벌.
罪 죄줄 죄. 허물 죄.
周 주나라 주. 두루 주.
發 필 발. 떠날 발.
殷 은나라 은. 성할 은.
湯 사람이름 탕. 끓인물 탕.

坐朝 좌조

좌(坐)는 「앉음」을 가리킨
것이고, 조(朝)는 「조야(早也)」
라 했으니 그 본의는 이른 것
을 가리킨 것이다. 여기서는
조정의 조(朝)이다. 좌조는
곧 「조정에 앉는다」는 뜻이다.

問道 문도

문(問)은 「심야」라 했으니
「묻다」의 뜻이다. 도(道)의
본의는 「보행의 길」이나 여기
서는 「준수하여야 할 덕」을
말한 것이니 문도(問道)는
「치국(治國)의 대도를 묻는
다」는 뜻이다. 「논어」이인편
에 「조문도 석사가의」라 했
으니 아침에 도(道)를 들을
수 있었다면 그날 저녁에는
죽어도 가하다고 했다.

垂拱 수공

수(垂)는 드리우다. 공(拱)
은 팔짱끼다이 뜻이니 수공
은 「옷을 드리우고 팔짱 끼
다」의 뜻이다.

平章 평장

「평탄하고 밝게 다스려진다」
는 뜻이다.

● 덕이 있는 임금은 조정에서
백성 다스리는 길을 어진 신
하들에게 물어서 조심해서
일을 처리한다.

坐 **앉을 좌. 자리 좌.**
朝 **조정 조. 아침 조.**
問 **물을 문. 문초할 문.**
道 **길 도.**
垂 **드리울 수. 늘어질 수.**
拱 **팔짱길 공. 두손마주잡을 공.**
平 **바를 평. 편할 평.**
章 **밝을 장. 글 장.**

愛育 애육

사랑으로 기른다.

黎首 여수

백성을 이름이다. 여의 본의는 풀의 뜻이나 「여나 검은 모두 검다」는 뜻이다. 수는 두부이니 여수를 직역하면 「검은 머리」인 것이다. 검은 머리란 서민의 머리에는 관을 쓰지 못하므로 흑발이 그대로 나타나서 검게 보이므로 여수인데 즉 백성을 뜻한다.

臣伏 신복

사군자 상굴복지형이라 했으니 「신(臣)」은 임금을 섬기는 자인데, 신이라는 글자는 무릎을 굽혀 쭈그리고 있는 모양이다」라고 했다. 복(伏)의 본의는 개가 사람 옆에 엎드린 모습의 회의문자이다. 따라서 신복은 「신하로서 복종한다」는 뜻이며 신복 (臣服)과 같은 뜻.

戎羌 융강

융은 병(兵)이라 했으나 또 예왕제 (禮王制)에서 서방왈융 (西方曰戎)이라 하여 서방 오랑캐의 뜻으로 변하였는데 여기서는 티베트족을 가리킨 말이다. 강 역시 서융 (西戎)이라 했다.

愛 사랑할 애. 그리워할 애.
育 기를 육. 어릴 육.
黎 검을 려. 동틀 려.
首 머리 수. 우두머리 수.
臣 신하 신.
伏 엎드릴 복. 숨을 복.
戎 오랑캐 융. 병장기 융.
羌 오랑캐 강. 아 강.

遐邇 하이

하원야라 했으니 「멀다」는 뜻이고 또 이근야라 했으니 「가깝다」의 뜻이다. 하이는 원근이라는 뜻이다. 사마상여의 난촉부로문에 보면 「멀고 가까운데가 한몸이 되어 안팍이 복을 누린다면 또한 편안하지 않겠느냐고 했다.

壹體 일체

일체와 동의이며 일신 동체의 뜻이다.

率賓 솔빈

솔(率)은 집운(集韻)에 솔왈 영야라 했으니 「인솔」의 뜻이다. 빈(賓)은 이아석고에서 복야(服也)라 했고 소(疏)에 회덕이복야라 한 것은 「덕을 그리워하여 복종하다」의 뜻이다. 솔빈은 「외국인이 서로 이끌고 복종하여 조공하려 옴」이라 풀이힘이 타당하다.

歸王 귀왕

왕에게 귀순하다.

●통치자가 덕으로서 치국한다는 것은 곧 인민을 자기 자식과 같이 애육한다는 뜻이다. 이런 성제(聖帝)의 밑에는 자국민은 물론이고 이민족까지 그 덕을 경모하여 모여드는 것이다.

遐 멀 하. 어찌 하.
邇 가까울 이.
壹 한 일. 통일할 일.
體 바탕 체. 몸 체.
率 거느릴 솔. 좇을 솔.
賓 좇을 빈. 손 빈.
歸 돌아갈 귀. 보낼 귀.
王 임금 왕. 왕 왕.

鳴鳳在樹 명봉재수

「명조성야」라 했으니 명 (鳴) 은 새우는 소리이다. 봉황은 신조(神鳥)라 했으며 봉(鳳) 은 수컷이고 황은 암컷인데 상상의 서조(瑞鳥)들이다. 봉황은 성인이 이 세상에 나오면 나타난다는 새이다.

白駒食場 백구식장

흰 망아지는 마당에서 풀을 뜯는다. 백(白)은 자연색을 가리키는 것이고 구는 말의 두 살까지를 이킬음이다. 식장(食場)이라는 것은 임금의 부름을 받아서 온 현자가 임금에게 우대를 받는 동안 백구는 마당 가에서 풀을 뜯는 그림 같이 평화스러운 정경을 말한 것이다.

● 태평 성세에는 천지가 화락하여 그 기운은 새짐승에게까지 미쳐 평화의 상징인 봉황은 오동나무에서 운다고한다. 또 현자는 자기 포부를 왕에게 말하는 동안에 그가 타고온 망아지는 마당 가의 풀을 뜯는다는 평화상을 나타낸 글이 즉 본절이다.

鳴 울명. 울릴 명.
鳳 봉새 봉.
在 있을 재. 살 재.
樹 나무 수. 심을 수.
白 흰 백. 깨끗할 백.
駒 망아지 구.
食 먹을 식. 먹이 식.
場 마당 장.

구우일모(九牛一毛) 사마천의 보임안서(報任安書) 문통(文通)에 있는 말로 글자 그대로, 아홉마리의 쇠털 중의 한 오리로 「다수 속의 극소수」를 말한다.

化被 화피

덕화를 입히다. 「화교행야」라
했으니 화(化)는 덕으로써
사람을 선도하여 행하게 하
는 것이다. 피(被)는 「입다」
의 뜻이다. 그러므로 화피는
「덕화를 입힌다」는 뜻이다.

草木 초목

「초백초야」라 했으니 풀의 총
칭이다. 또 「목모야 모지이
생」이라 했으니 땅에서 나는
것이 나무이다. 초목은 다같
이 상형문자인데 풀이 무성
하게 자라고 있는 모양이다.

賴及萬方 뇌급만방

신뢰심이 만방에 미친다는
뜻. 뇌(賴)는 「힘입다」, 급
(及)은 뒷사람의 손이 앞사
람에게 미치는 것이라고 풀
이되어 있다. 만방(萬方) 은
천하를 뜻한다.

● 천지현황(天地玄黃)에서 본
절의 뇌급만방(賴及萬方) 까
지의 36절은 천자문의 발단
이며 천지인(天地人)의 도를
설명한 것이다.

化 화할 화.
被 씌울 피. 이불 피.
草 풀 초. 거칠 초.
木 나무 목.
賴 의뢰할 뢰. 얻을 뢰.
及 미칠 급. 더불어 급.
萬 일만 만.
方 모 방. 방위 방.

기소불욕물시어인〈己所不欲勿 施
於人〉공자가 세속적인 지혜와
재각으로 뛰어난 자공(子貢)에
게 이른 말로 「기소호 기소불
욕 물시어인(其恕乎 己所不欲
勿施於人) 그것은 사정을 알아
주는 것이리라. 자기가 바라지
않는 일은 남에게 하지 말라」
고 하였다. 오늘날은 남의 인
격을 존중하라는 말로 쓰인다.

化被草木 賴及萬方

의뢰할 뢰
束束束賴賴賴

미칠 급
丿丿乃及

일만 만
艹艹艹苩萬萬萬

모 방
丶亠亠方

화할 화
丿亻亻化

씌울 피
丶衤衤衤衤被被被

풀 초
艹艹艹苩苩草

나무 목
一十才木

26

蓋此身髮 개차신발

개 (蓋)는 지붕을 이은 것이다. 그러나 여기서는「대개」라는, 추측 상상하는 말로 풀이함이 옳다. 또 차 (此)는 그대로「차」라는 뜻의 글자이나 여기서는 발어사에 지나지 않는다.

四大五常 사대오상

사람의 몸둥이는 땅·물·불·바람의 4 가지 기운으로 이루어져 죽으면 각각 그 근본인 지·수·화·풍 (地水火風)으로 돌아간다. 즉 가죽·살·힘줄·머리털·손발톱 등은 지 (地)로, 침·눈물·피·대소변은 물로, 몸둥이의 따뜻한 기운은 불로, 움직이는 성품은 바람으로 돌아간다는 것이다. 이 요소가 사대 (四大)이다. 오상 (五常)은 인의예지신 (仁義禮智信)이라 했다.

● 4 대는 인체 (人體)를 형성하는 물질적인 요소, 5 상은 사람의 마음과 성품 속에 갖추어진 정신적인 요소인데, 4 대를 훼상하지 않아 잘 보존할 것은 물론, 5 상은 항시 연마하지 않으면 거칠어진다는 훈계이다.

蓋 대개 개. 덮을 개.
此 이 차. 이에 차.
身 몸 신. 줄기 신.
髮 머리 발. 초목 발.
四 넉 사. 사방 사.
大 큰 대. 대강 대.
五 다섯 오
常 항상 상. 범상 상

恭惟鞠養 공유국양

「공숙야」라 하여 엄숙의 뜻
으로 풀이했고 또「이아석고」
에서는 경야(敬也)라 하여
「공경하다」의 뜻으로 변의하
였다.

豈敢毀傷 기감훼상

「어찌 감히 훼상하리오」가 기
감훼상의 뜻이다 .「불감훼상
효지시야」는「효경」에 있는
말인즉 기감훼상도 여기서 나
온 말이다. 기는「개선의 노
래」로「어찌」의 뜻으로 변의
하였고, 감(敢)은「함부로」
의 뜻이며 훼는「망그러지나」
의 뜻이고 상(傷)의 본의는
「상해」이다.

●수신(修身)의 근본정신은 효
에서 시작된다. 사람의 자식
으로서 누구나 신체발부를
그 부모에게 받았으며 또 간
난을 이겨가며 옷을 입히고
젖과 밥을 주어 양육하였다.
그 은공을 공손히 생각할 때
어찌 그 받은 신체발부와 또
명예를 함부로 취급하겠는가.

恭 공손할 공. 받들 공.
惟 생각할 유. 오직 유.
鞠 기를 국. 굽힐 국.
養 기를 양. 봉양 양.
豈 어찌 기. 그 기.
敢 감히 감. 굳셀 감.
毀 헐 훼. 무너질 훼.
傷 다칠 상. 해질 상.

인지상사기언야선(人之狀死其言
也善) 증자가「새가 죽을 때는
그 울음소리가 슬퍼서 사람의
마음을 울리고 사람이 죽을 때
는 그 말에 거짓이 없다」하여
종지부의 중요성을 말함.

女慕貞烈 여모정렬

여부인야(女婦人也) 라 했으
니 여자는 부인을 가리킨다.
모(慕)는 「마음으로 좋아하
다」의 뜻이다. 정(貞)은 「곧
음」을 가리킨다.

男效才良 남효재량

남(男)은 장부(丈夫)라 했다.
효(效)는 「본받다」의 뜻이다.
재량(才良)은 지혜가 있어
재능이 뛰어나고 또 마음도
어진 사람을 가리킨 것이다.
따라서 남효재량(男效才良)
은 「남자는 재량을 본받는다」
의 뜻이다.

● 남녀의 덕에 대하여 각각 그
요결을 제시한 것이다. 흔히
정렬(貞烈)의 열(烈)은 결이
옳다는 설도 있다.그러나 한
자도 중복되지 않는 천자문
(千字文)에는 정열(貞烈) 로
함이 타당하다. 뒤에 나오는
환선원결의 결(潔)과 중복됨
을 피하여 여기에서는 열을
취했다.

자기의 과실을 깨달으면 반
드시 고쳐야 할 것이고 도를
체득하여 한번 실행했을 때
는 잊어서는 안 된다.

여자는 정렬(貞烈)을 사모하
고, 남자는 재능이 훌륭한 사
람(才良)을 본받아야 한다.

女 계집 녀. 딸 녀.
慕 사모할 모.
貞 곧을 정.
烈 세찰 렬. 사나울 렬.
男 사내 남. 남작 남.
效 본받을 효. 힘쓸 효.
才 재주 재. 바탕 재.
良 어질 량. 곧을 량.

知過必改 지과필개

지(知)는 「마음 속에 인식하여 잘 알면 언어로서 입밖으로 나옴이 화살같이 빠르다」고 했다. 과(過)의 본의는 「건너가다」의 뜻이지만 여기서는 과오, 즉 허물인 것이다.

得能莫忘 득능막망

「행해서 얻는 것이 있다」는 뜻이다. 곰이란 짐승은 폐가 많고 강건하여 활동이 기민한 것이다. 따라서 「기능에 대한 가능성」이라는 뜻이다. 막(莫)은 무(無)와 같은 뜻. 망(忘)은 불식야(不識也) 라 했으니 「알지 못하다」. 「잊다」의 뜻이다. 득능막망 (得能莫忘)은 「능히 도(道)를 회득(會得)했을 때는 잊지 말아야 한다」는 뜻이다.

● 「마음 속에 인식하면 입 밖으로 나오는 것이 화살같이 빠르다」는 말을 우리는 되새겨봐야 할 것이다. 또 자하의 「날마다 알지 못하는 것을 공부해서 이를 알도록 하고 또 날마다 자기가 잘하는 일을 잊지 않도록 노력한다면 가위 학문을 좋아한다고 하겠다」했다.

知 알 지. 사귈 지.
過 지날 과. 지나칠 과.
必 반드시 필. 오로지 필.
改 고칠 개. 거듭할 개.
得 얻을 득. 만족할 득.
能 능할 능. 재능 능.
莫 없을 막. 말 막.
忘 잊을 망.

30

罔談彼短 망담피단

망(罔)의 본의는 금수·어류를 사냥하는 망이지만 여기서는 무(無)의 뜻이다. 담은 「말함」이다. 피는 「대차지칭(對此之稱)」이라고 풀이했다. 곧 차(此)의 대어(對語)이다. 단(短)은 「짧은 것」이지만 여기서는 「단점」의 뜻이다. 망담피단은 「남의 단점을 말하지 말」는 뜻이다.

靡恃己長 미시기장

미는 집운에서 미일왈무야라 했다. 곧 무(無)의 뜻으로 변하였다. 시는 「믿다」의 뜻이다. 기(己)는 타인의 대칭이다. 장(長)은 구원야라 하여 장구함을 뜻한 것이나 여기서는 장점(長點)이다. 따라서 「자신의 장점을 믿지 말」는 뜻이다.

● 남에게 대하여 오만한 마음을 가지는 것을 경계한 글이다. 상대방에게 좀 모자라는 점이 있다고 해서 이사람 저사람에게 말해서는 안된다. 또 자기가 남보다 좀나은 점이 있다고 해서 자만해서는 안된다.

남의 단점을 말하지 말 것이며 나의 장점을 너무 믿어서는 덕을 손상하고 말 것이다.

罔 말 망. 그물 망.
談 이야기 담. 농할 담.
彼 저 피. 그 피.
短 짧을 단. 흉 단.
靡 없을 미. 호사할 미.
恃 믿을 시. 의지할 시.
己 몸 기. 다스릴 기.
長 길 장. 맏 장.

말 망
丨冂冂罔罔罔

이야기 담
言言談談談談

저 피
彳彳彷彷彼彼

짧을 단
矢矢矩短短短

없을 미
广庐庐靡靡靡靡

믿을 시
忄忄忭恃恃恃

몸 기
フコ己

길 장
厂巨巨長長長

信使可覆 신사가복

신(信)은 「성의」라 했다. 사(使)는 「하게 한다면」의 가설의 뜻이며 그리고 신은 사람과 말을 합친 회의자(會意字)이다. 가(可)는 의야(宜也)라 했으니 「좋다」는 뜻이고 복(覆)은 「되풀이함」이라 했다.

器欲難量 기욕난량

기(器)는 접시를 가리킨다. 그러나 여기에서는 재능이라 할 것이다. 난(難)은 쉽지 않다는 뜻이고 양(量)은 다소·경중을 의미한다. 기(器=기량, 재능, 도량)은 측량하기 어려울 정도로 큰 것이 바람직하다.

●사람의 기량은 남이 용이하게 알지 못할 만큼 크고 넓어야 한다는 것이다. 후한서 곽태선에「태가 말하기를 숙도의 기량은 천경이나 되는 물과 같아서 제아무리 맑게 해 주고자 해도 더 맑아지지 않고, 흐려 주고자 해도 더 흐려지지 않을 만큼 측량할 수가 없다」고 했다.

믿음이 있는 일은 되풀이해서 이행해야 할 것이오, 사람의 기량은 남이 측량할 수 없을 만큼 커야 한다.

信 믿을 신. 신표 신.
使 하여금 사. 부릴 사.
可 옳을 가. 들을 가.
覆 되풀이할 복. 배반할 복.
器 그릇 기.
欲 바랄 욕. 하려할 욕.
難 어려울 난. 재앙 난.
量 양 양. 되 양.

墨悲絲染 묵비사염

「묵서묵야」라 했으니 묵은 글을 쓰는 먹이다. 묵자가 실에 염색함을 보고 슬퍼했다는 고사에서 온 글인데 사람은 근본이 아무리 같다고 해도 종말이 달라진다는 것을 애석히 여겨 사람들이 세상의 악한 풍습에 물들지 말도록 경계한 것이다.

詩讚羔羊 시찬고양

시(詩)는 「지야(志也)」라고 했으니 뜻을 말로 표현한 것이다. 찬(讚)은 찬양함이고 고양은 어린 양이다. 그러므로 이 귀는「시경의 고양편을 찬양했다」는 뜻이다.

● 묵적은 「이 하얀 실은, 푸르게 물들이면 푸르게 되고 노랗게 물들이면 노랗게 된다. 마찬가지로 사람도 착한 데 물들면 착하게 되고, 악한데에 물들면 악하게 된다」고 하면서 사람들이 악에 오염(汚染)될 것을 슬퍼했다.

묵적은 흰 실에 물들이는 자를 보고 슬퍼했고, 시경은 고양편의 순일함을 찬양했다.

墨 먹 묵. 먹줄 묵.
悲 슬퍼할 비.
絲 실 사. 자을 사.
染 물들일 염. 적실 염.
詩 시 시. 시경 시.
讚 기릴 찬. 도울 찬.
羔 양새끼 고. 새끼 양.
羊 염소 양.

청출어람(靑出於藍) 중국의 유학자 순황이 순자라는 책에서 이렇게 말했다. 「학문이란 그쳐서는 안된다. 푸른 색이 쪽에서 나와 더 푸르듯 더욱 면학을 계속하면 스승을 능가하는 학문을 가진 제자도 나타난다」

먹 묵
冂冃里黑墨墨

슬퍼할 비
ノ⺄非非悲悲

실 사
⟨幺糸絲絲絲

물들일 염
氵沙泣染染

시 시
言言計詩詩詩

기릴 찬
言詩讚讚讚讚

양새끼 고
丷半羔羔

염소 양
丷兰羊

景行維賢 경행유현

경왈광야라 했으니 경은 곧 햇볕이다. 그런데 햇볕은「빛나는」존재인 것이다.

克念作聖 극념작성

극(克)은「이기다」이니 여기서는「극기(克己)」의 뜻이다. 염(念)은「항상 생각하다」의 뜻이다. 작(作)은 기야라 했으나 여기서는 작위야의 뜻으로 풀이함이 타당하다. 곧「되다」의 뜻이다. 성(聖)은 무불통지(無不通知)를 의미한다. 극념작성(克念作聖)은「극기를 항상 생각하면 성인도 될 수 있다」는 뜻이다.

● 여모정렬에서 전절(前節)까지는 인간 수양의 골자를 제시하였고 본절에서는 성현이라 해서 꼭 특정의 인물만이 되는 것이 아니고 경행과 극기(克己)로 누구나 그 경지에 도달할 수 있다고 설파했다.

행동을 빛나게 하면 이는 곧 현인이오 열심히 도의를 상념하면 성인도 될 수 있다.

景 빛 경. 별 경.
行 행실 행. 갈 행.
維 이 유. 오직 유.
賢 어질 현. 나을 현.
克 이길 극. 능할 극.
念 생각할 염. 욀 염.
作 일어날 작. 지을 작.
聖 성인 성. 천자 성.

명경지수(明鏡止水) 맑게 때 하나 끼지 않은 거울과 조용히 멈춰 움직이지 않는 물을 맑고 동요 없는 심경에 비유하는데 쓰는 말.

景行維賢 克念作聖

빛 경 曰로呂景景景景

이길 극 一十古古克克

행실 행 ノク彳行行行

생각할 염 ノ人人今念念

오직 유 ノ幺糸糸紵維

일어날 작 ノイイ作作作

성인 성 厂耳耵聖聖聖

어질 현 厂臣取取堅賢賢

德建名立 덕건명립

덕(德)은 선행·선심이다. 건(建)은「세우다」의 뜻이고 명(名)은 자명야이니「스스로 명령함」이다. 입(立)은 서다가 그 본의지만「나타내다」의 뜻이다.

形端表正 형단표정

「형상야(形象也)」라 했으니 형은 모양이다. 「단직야(端直也)」라 했으니 단(端)은 비뚜러지거나 굽지 않음을 가리킨다. 표의 본의는 웃옷이지만 여기서는「표면」의 뜻이다. 형단표정(形端表正)은「모양이 단정(端正)하면 표면도 바르게 된다」는 뜻이다.

● 덕이 갖추어진 사람은 반드시 그 덕에 따라서 훌륭한 명성이 세상에 나타난다.

또 형단표정은 형체가 단정해야 외모도 단정한 것이다. 형체가 굽었다면 외모 역시 굽게 보일 수 밖에 없는 것이다. 「예기 잡기」에도 형체가 바르면 그림자도 반드시 바르다고 했다.

덕을 성취하면 영명(英名)은 세상에 나타나는 법이니 그것은 마치 모습이 바르면 그림자 역시 바른 이치와 같은 것이다.

德 **덕 덕. 복 덕.**
建 **세울 건. 둘 건.**
名 **이름 명. 공명.**
立 **세울 입. 설 입.**
形 **형상 형. 형체 형.**
端 **바를 단. 실마리 단.**
表 **나타낼 표. 웃옷 표.**
正 **바를 정. 네모 정.**

德建名立形端表正

空谷 공곡

　공규야라 했으니 그 본의는
「구멍」이나, 여기서의 공은
허공이다. 곡(谷)은 천출통
천위곡야(泉出通川爲谷也)라
했다. 즉「샘물이 솟아나 산
과 산 사이를 통하여 하천으
로 유입하는 것」이 곡이다.
공곡(空谷)은「무인지경 골
짜기」인 것이다.

傳聲 전성

　전(傳)의 본의는 역전마이다.
그러나 정운(正韻)에서 포야
(布也)로 변의했으니 즉「퍼
지다」의 뜻이다. 전성은「소
리를 전한다」는 의미이다.

虛堂 허당

　허의 본의는 대구야라 했다.
그러나「광아석고」에서 허공
야(虛空也)라 했으니「비다」
라는 뜻으로 변하였다.

習聽 습청

　습(習)은「배워익히다」의 뜻
이고 청(聽)은 험야(驗也)라
했으니「증좌(證左)」라는 뜻
이다. 습청은「익히 듣다」의
뜻이다.

● 유덕 군자의 당당한 발설은
골짜기의 산울림과 같이 신
속하게 퍼져 나가며 또 허당
에서 비밀리에 소곤대는 말
역시 어느덧 세인에게 알려
지고 만다.

空 하늘 공. 빌 공.
谷 골 곡. 막힐 곡.
傳 전할 전. 전기 전.
聲 소리 성.
虛 빌 허. 비울 허.
堂 집 당. 당당할 당.
習 익힐 습. 버릇 습.
聽 들을 청. 염탐군 청.

36

禍因惡積 화인악적

　화는 적악으로 말미암아 일
어난다. 인(因)은「말미암아」
의 뜻이고 악(惡)은 설문주
부정(不正)이라 했다. 적(積)
은 모이는 것이다. 화인악적
은 화생부덕(禍生不德)과 같
은 말이다.

福緣善慶 복연선경

　복은 착하고 경하스러운 일
로 인연해서 생긴다는 뜻이
다. 복은 갖추는 것이다 라
고 했다.「제사를 갖추는 바
있으면 반드시 복을 얻는다」
는 뜻이다. 연(緣)은「인연」
인 것이며 선(善)은 길야「좋
은 일」이다. 경(慶)은「경하
스러움」이다. 본절은 곧 적
선한 집안에는 반드시 여경
이 있을 것이오. 그 반대로
불적선지가에는 반드시 여앙
이 있으리라는 뜻이다.

● 부로(父老)들의 말에도「옛날
부터 하늘은 착한 자의 편을
든다」고 했다. 이와 반대로
악한 일을 한 사람을 향해서
는 천벌을 받을 자라고 손가
락질을 한다. 우리 인간계는
악인악과(惡因惡果), 선인선
과(善因善果)의 관념에 젖어
있는 것이다.

禍　재화 화.
因　말미암을 인. 인할 인.
惡　모질 악. 미워할 오.
積　쌓을 적.
福　복 복. 복내릴 복.
緣　인연 연. 연분 연.
善　착할 선. 친할 선.
慶　경사 경. 복 경.

尺壁非寶 척벽비보

「척십촌야(尺十寸也)」라 했
으니 열치가 한자인 것이다.
벽(壁)은 「둥근 구슬」이다.
비(非)는 즉 「아니다」의 뜻
이다. 보(寶)는 「진기(珍奇)
한 것」이다. 척벽비보는 「한
자나 되는 진귀한 벽옥이 보
배가 아니다」라는 뜻이다.

寸陰是競 촌음시경

극히 짧은 시간도 이를 다투
어야 한다는 뜻이다. 촌(寸)
은 「찰라」를 말한 것이기도
하다. 또 음(陰)은 시간을 말
한 것이다. 시(是)는 도구법
상의 글자이며 경(競)은 「2
인이 서로 다투다」의 뜻이다.

● 성현은 시간을 소중히 한다
는 훈화이다. 성현 뿐 아니
라 성공한 모든 사람을 보면
시간을 아껴 일을 했다.
또 회남사 원노훈(原道訓)에
보면 시간은 사람과 같이 있
으려 하지 않는다. 그렇기 때
문에 성인은 한자나 되는 큰
보배는 귀하게 여기지 않아
도 한 치의 시간은 소중히 여
긴다. 시간이란 얻기는 어려
워도 잃기는 쉽기 때문이다」
라는 글이 있다.

尺 자 척. 가까울 척.
壁 옥 벽.
非 아닐 비. 어긋날 비.
寶 보배 보. 옥새 보.
寸 치 촌. 촌수 촌.
陰 그림자 음. 그늘 음.
是 이 시. 바로잡을 시.
競 다툴 경. 쫓을 경.

38

資父事君 자부사군

아비 섬기는 마음을 취하여 (資) 임금을 섬긴다. 부(父)는 아비이고 사(事)는 「봉야(奉也)」라 하여 받드는 것이다. 군(君)의 본의는 「도야」라 했으니 지도자 곧 임금을 뜻하는 것이다.

효경 (孝經)에 「아비 섬기는 마음으로 임금을 섬길 것이니 공경」하는 마음은 마찬가지다 라고 했다.

曰嚴與敬 왈엄여경

공경심과 더불어 조심할지니라의 뜻이다. 왈(曰)은 「말하기를」의 뜻이다. 엄(嚴)의 본의는 급하게 명령하는 것이다 여(與)는 「더불어」인데 접속사이며 경(敬)은 「공경한다」는 뜻이다.

효경에 「친히 낳아서길러 주었으니 부모 봉양하기를 날」로 엄하게 해야 할 것이다.

● 본절에서는 군부(君父) 섬기는 도를 설명하였다. 백호통 (白虎通)에 보면 아비는 법이니 법도로 자식을 가르치고, 자식은 부모가 낳아서 길러준 것이니 세 몸이 따로 있을 수 없다」고 했다.

아비 섬기는 마음을 취하여 나라를 섬겨야 하되 공경함과 더불어 조심해야 할 것이다.

資 취할 자. 재물 자.
父 아비 부.
事 일 사. 섬길 사.
君 임금 군. 임 군.
曰 가로되 왈. 이를 왈.
嚴 엄할 엄. 높일 엄.
與 더불 여. 줄 여.
敬 공경 경. 삼갈 경.

39

孝當竭力 효당갈력

　효도는 마땅히 있는 힘을 다
해서 해야 한다는 뜻이다. 효
(孝)는 부모를 잘 섬기는 차
라 했다. 당(當)은 「마땅히」
의 뜻이다. 갈은 「다하는」것
을 말한다. 역(力)은 여기서
는 「근력(筋力)」을 가리킨다.

忠則盡命 충측진명

　나라를 사랑하는데는 목숨을
바칠 각오가 있어야 한다.충
은 경(敬)인데 마음을 다하
는 것이 충이다. 경전석사에
즉(則)은 「곧」이다. 진(盡)은
「다하다」의 뜻으로 변한 것
이다.

● 「논어」에 보면 「자하가 말하
기를 부모를 섬기는 데는 그
힘을 다할 것이요.임금을 섬
기는 데는 그 몸이 다하도록
해야 한다」고 했다.　우리는
효도에는 힘을 다 할 것이나
충성에는 목숨을 바친다는 글
귀에서 충성을 더 소중히 여
김을 주의해야 할 것이다.
　인자(人子)된 자는 마치 심
연에 임하듯 박빙(薄氷)위를
걷는 것 같이 조심해야 한다.
그리고 일찍 일어나서 부모
님을 따뜻하게 혹은 서늘하
게 해드려야 한다.

孝 **효도 효**. 효자 효.
當 **마땅히 당**. 당할 당.
竭 **다할 갈**. 질 갈.
力 **힘 역**. 힘쓸 역.
忠 **충성할 충**. 정성스러울 충.
則 **곧 즉**. 법칙 칙.
盡 **다할 진**. 다 진.
命 **목숨 명**. 운수 명.

臨深 임심

임 (臨)은 「높은 곳에서 아래를 보다」의 뜻이다. 임심 (臨深)은 「심연에 임함」이 그뜻이다.

履薄 이박

얇은 얼음을 밟는다. 이 (履)는 발로 밟는 것이고 박 (薄)은 얇다는 뜻인데 여기서는 박빙을 약한 말이다. 시경 소아 소민편에 「두려워하고 조심하는 것이 마치 깊은 연못가에 간 것 같고」 얇은 얼음을 밟는 것 같다는 글을 인용한 것이 임심이박이다.

夙興 숙흥

아침 일찌기 일어나다. 숙의 본의는 미명(未明)에 인사드리는 것이다. 흥 (興)은 「깨어 일어나다」라는 뜻이다.

溫淸 온청

온 (溫)은 「따뜻하다」의 뜻이다. 청 (淸)은 한야(寒也)라 하여 「서늘함」을 가리키는 글자다.

● 본절은 효자의 마음가짐을 논한 글이다. 곡례에도 「대체 사람의 자식된 예는 부모를 겨울에는 따뜻하게 해드리고 여름에는 서늘하게 해드리며 날이 어두우면 자리를 펴드리고 새벽에는 잘 쉬셨는가 살펴야 하는 것이다」라고 했다.

臨 임할 림.
深 깊을 심.
履 밟을 리. 신 리.
薄 얇을 박. 가벼울 박.
夙 일찍 숙. 삼갈 숙.
興 일어날 흥. 일 흥.
溫 따뜻할 온. 부드러울 온.
淸 서늘할 청.

似蘭斯馨 사란사형

난초와 같이 멀리까지 냄새가 풍긴다. 사(似)는 상사함이고, 사(斯)는 어조사이고 또 형(馨)은 「향기가 멀리 풍긴다」는 뜻이다. 끝으로 난(蘭)에 대해 첨부해 둘 것은 난은 난초 외에 목란이란 뜻이 있다. 전기한 바와 같이 여기서는 난초를 가리킨 것이다.

如松之盛 여송지성

소나무와 같이 무성하다. 여(如)는 「따르다」의 뜻이다. 송(松)은 소나무이고 지(之)는 「이(此)」이며 성(盛)은 여기서는 「번성」을 의미한다.

● 효경에도 「효도는 덕의 근본이니」여기에서 교육이 시작된다라고 했다. 그러므로 효자된 명성은 마치 향기로운 난초와 같이 멀리까지 떨친다고 했다. 또 나라에 대한 절개는 송백처럼 설중(雪中)에서도 청청하다는 것이 본절의 대의인 것이다.

似 같을 사. 흉내낼 사.
蘭 난초 란. 목련 란.
斯 어조사 사. 이 사.
馨 향내날 형. 향기 형.
如 같을 여. 어조사 여.
松 소나무 송.
之 갈 지. 어조사 지.
盛 성할 성. 담을 성.

이심전심 (以心傳心) 마음에서 마음으로 전한다는 것으로 원래 불교에서 나온 말이다. 염화미소(拈華微笑)라고도 하는데 석가가 영산에서 연꽃을 따 제자에게 보였다. 그런데 많은 제자들은 무엇을 뜻하는지 몰라 조용했는데 그중 제일로 지목되는 가섭만이 파안미소 빙그레 웃었다는 일화에서 유래된 단어.

川流不息 천류불식

　냇물은 쉬지 않고 흐른다. 유
(流)는「수행야(水行也)」라했
으니 물은 낮은 곳으로 가는
것이다. 불(不)은 의문의 미
정사이고 식(息)은 허덕거리
는 것을 뜻한다.

淵澄取映 연징취영

　연은 물이 고여서 선류 하는
곳이다. 징은 물의　맑음을
말한 것이오. 취(取)는 포취
야라 했으니 사로잡는 것을
뜻한다. 전쟁에서 적을 죽이
고 그 표로서、귀를 잘랐다한
다.

●공자가 냇물이 쉬지 않고 흐
르는」것을 볼 때마다「물이로
다하고 탄식한 일은 유명한
이야기다. 졸졸 흐르는 작은
물줄기는 흐르기를 쉬지 않
다가 마침내 대강(大江)에
이르고 또 대해로 들어간다.
냇물은 흘러서 쉬지 않고 깊
은 못의 물은 맑디맑아서 속
까지 비쳐 보인다.

川　내 천.　물귀신 천.
流　흐를 류.　내칠 류.
不　아니 불.　아닌가 부.
息　쉴 식.　숨 식.
淵　못 연.　조용할 연.
澄　맑을 징.　술 이름 징.
取　취할 취.　거둘 취.
映　비칠 영.　미시 영,

───────────────

비육지탄〔脾肉之嘆〕 유비가 한나
라를 부흥시키기 위해　기회를
기다리고 있을 때 유표에게 한
말.「이제까지 언제나 안장에
서 떠난 일이 없어 비육 (허벅
지 살)이 쓸려 하나도 없었는
데 지금은 말을 타지 않아 살
이 붙었다. 헛된 세월을 보내
노년이 되려고 하는데 어느 때
가 되어 공업을 세울수 있을 까」

내
천
川川川

못
연
淵淵淵淵淵

흐를
류
流流流流流

맑을
징
澄澄澄澄澄

아
니
불
不不不不

취할
취
取取耳耳下

쉴
식
息息自自白

비칠
영
映映映白日

容止若思 용지약사

용지 (容止)는 기거동작이다. 용지약사 (容止若思)는 「기거동작을 할 때 행여나 과실이 있지나 않을까 하고 되돌아 본다」의 뜻이다.

言辭安定 언사안정

언(言)의 본의는 직언(直言)이나 여기서는「언어」이다. 사(辭)는 설(說)이라 했다. 안(安)은 정(定)이라 했고 정(定)은 안(安)이라 했다. 그러므로 언사는 언설을 뜻하며 안정(安定)은 편안하다는 것을 뜻한다.

● 본절은 「예기」의 어귀를 요약한 글인데 항상 자기의 진퇴거동을 살피고 언사를 주고 받는 데에 태도나 언사의 내용을 안정시키라는 훈계인 것이다. 불건전한 말, 원망하는 말, 근심스러운 말, 화를 내는 말, 기뻐날뛰는 말 등의 5항을 열거해서 이것들을 지양하도록 훈계했다. 이 절은 신중한 행동과 안정된 말씨를 찬양한 글이다.

容 꾸밀 용. 얼굴 용.
止 그칠 지. 머물을 지.
若 쫓을 약. 너 약.
思 생각할 사. 어조사 사.
言 말씀 언. 말할 언.
辭 말씀 사. 타이를 사.
安 안존할 안. 편안할 안.
定 정할 정. 잘 정.

사인선사마 (射人先射馬) 그 사람을 쏘아 떨어뜨리자면, 먼저 그가 타고 있는 말(馬)을 쏘라는 것이 말의 뜻이다. 그러면 말(馬)은 놀라서 뛰어올라 주인을 떨어뜨리거나 또는 말이 움직이지 못하거나 해서 간단히 그 사람을 잡을 수가 있다는 뜻의 성서이다.

容止若思 言辭安定

꾸밀 용
宀宀宀宁容容容

그칠 지
一ㅏ上止

좋을 약
艹艹艹艹若若

생각할 사
丨冂田田思思

말씀 언
二言言言言言

말씀 사
爫爫爫爯辭辭

편안할 안
丶宀宁安

정할 정
宀宀宇宇定定

篤初誠美 독초성미

　독(篤)은 돈독함이다. 초는 「시초」의 뜻이다. 성(誠)은 「믿는다」는 의미이나 여기서는 「참으로」로 해석함이 타당하다. 미(美)는 선(善)이라 했으니 여기서는 「훌륭하다」고 해석할 것이다. 그러므로 독초성미는 「시초를 돈독히 함은 참으로 훌륭한 일이다」라는 뜻이다.

愼終宜令 신종의령

　신은 「삼가하는 것」이다. 종(終)은 「이아석고」에서 「끝내」의 뜻으로 정하였다. 의(宜)는 「편안하다」의 뜻이다. 영(令)은 「호령을 발하는 것」이다. 그러므로 신종의령은 「종말을 온전히 하도록 조심하는 것이 마땅하다」는 것이다.

●자기 앞에 맡은 일을 분명히 하는 사람이라면 무슨 일에서나 시종을 온전히 한다. 이런 사람이야말로 유덕(有德)의 선비요 또 똑똑한 사람이라 할 것이다. 그러나 세상에는 시작은 있어도 끝이 없는 사람이 허다 하다. 시작이 절반이라는 말이 있는데, 모두 그 처음과 마지막을 착실하게 하라는 훈계이다.

篤　**도타울 독.** 중할 독.
初　**처음 초**
誠　**정성 성.** 참 성.
美　**아름다울 미.** 기릴 미.
愼　**삼갈 신.** 진실로 신.
終　**끝 종.** 끝낼 종.
宜　**옳을 이.** 마땅할 의.
令　**하여금 령.** 법 령.

榮業所基 영업소기

영(榮)은 영화로움이고 업은 「사업(事業)」이라 풀이했다. 소(所)는 「바」이며 기(基)는 「담장터」이나 혹은 토대를 의미한다. 그러므로 「영업소기」는 영달과 사업에는 반드시 기인하는 바가 있어야 한다는 뜻이다.

籍甚無竟 적심무경

적(籍)은 「문서」이다. 심(甚)은 매우 안락하다는 뜻이다. 그러나 적심(籍甚)을 한 단어로 볼 때는 「명성이 세상에 널리 퍼짐」이 그 뜻이다. 무(無)는 「없다」는 뜻이고 경은 「궁진(窮盡)」한 것을 말한 것이다. 「적심무경」은 명성이 세상에 널리 퍼져 끝이 없다」는 뜻이다.

● 영달과 사업은 우연히 얻어지는 것이 아니다. 반드시 그 영달을 얻을만한 기인이 있는 것이다. 모든 언행을 삼가고 구차함이 없이 지성으로 일관하여 시종 착하고 아름답게 하는 것이 영달의 기인인 것이다. 그런 뒤에는 현직은 저절로 굴러든다. 또 그런 사람이라야 후세까지도 높은 성가를 얻게 되는 것이다.

榮 영화 영. 성할 영.
業 업 업. 위태할 업.
所 바 소. 곳 소.
基 터 기. 근본 기.
籍 문서 적.
甚 심할 심. 심히 심.
無 없을 무. 아닐 무.
竟 끝날 경. 다할 경.

學優登仕 학우등사

학문이 뛰어나면 벼슬에 오른다. 학(學)은「무지를 계발하는 것」이다. 우(優)는 부드러움을 가리킨다. 그러나 여기서는「뛰어난 것」이다. 등(登)은 등용으로 풀이함이 옳다. 사(仕)는「벼슬살이」이다. 곧 덕행을 닦고 학문을 쌓으면 높은 벼슬이 맡겨지고 나아가서는 국정까지 맡아서 처리할 수가 있다는 말이다.

攝職從政 섭직종정

직권을 쥐고 정사를 담당할 수가 있다. 섭(攝)은「쥐는 것」이다. 직(職)은「직권」이다. 종(從)은「담당하다」이다.

● 아무리 배워서 실력이 뛰어나더라도 덕행이 따르지 않으면 안된다. 그러기에 옹야에 보면「유(由)는 너무 과단성이 있구나! 그러고서 정치를 하면 무슨 소용이 있겠느냐」고 했던 것이다. 덕의 결핍을 지적한 말이다.

學 배울 학.
優 뛰어날 우. 넉넉할 우.
登 오를 등. 올릴 등.
仕 벼슬 사. 섬길 사.
攝 당길 섭. 가질 섭.
職 구실 직. 벼슬 직.
從 좇을 종. 거느릴 종.
政 정사 정. 법 정.

군자표변(君子豹變)「군자는 자기를 고치는 것이 빨라, 그 결과는 표범의 얼룩점이 뚜렷하듯 외면으로도 확실하게 나타난다. 소인은 군자만큼 뚜렷하게 자기를 고칠 수는 없으나 안색을 바꿀 정도의 자기변혁은 가능하다.

存以甘棠 존이감당

　이 세상에 생존하는 동안에는 감당으로써 했다. 존(存)은 존재함을 가리키나, 여기서는 옛날 주성왕(周成王)을 섬긴 소공석의 재세(在世)를 말한 것이다. 감(甘)은 감당나무를 가리킨 것이다. 즉 이 구는 「주의 소공이 재세시에 남쪽 지방을 순회하면서 민폐를 염려한 나머지 감당나무 밑에서 노숙하면서 지방관리의 민정 보고를 들었다」는 말이다.

去而益詠 거이익영

　거(去)는 사거(死去)를 뜻한다. 이(而)는 접속사로「그리하고」의 뜻이고 익(益)은「더욱」의 뜻이며, 영(詠)은「읊었다」의 뜻이다. 즉 이 구는 소공이 떠난 후에도 더욱 그를 사모하여 그를 기리는 시를 읊었다.

● 옛 지도자는 입으로 선정(善政)을 떠들어댄 것이 아니고 몸소 시범하여 남의 사표가 되었다. 그러므로 죽은 뒤가 아니면 정치인의 공과는 판정하기 어렵다.

　살아서는 감당수를 보존하여 기념하였고 떠난 후엔 그의 선정(善政)을 감당시(詩)로 더욱 읊었다.

存 있을 존. 살필 존.
以 써 이. 쓸 이.
甘 달 감. 맛날 감.
棠 팔배나무 당. 산앵도나무당.
去 갈 거. 버릴 거.
而 말이을 이. 어조사 이.
益 더할 익. 이로울 익.
詠 읊을 영. 시가 영.

존以甘棠 去而益詠

갈거　一十土去去

있을존　ナ左存存　存存

말이을이　一ナ广而而　而而

써이　ノレ以以　以以

더할익　八公分谷益益　益益

달감　一十廿廿甘　甘甘

읊을영　言訁訃詠詠　詠詠

팔배나무당　一丷严严堂堂棠　棠棠

樂殊貴賤 악수귀천

음악도 귀천을 달리한다. 악(樂)은 음악의 총칭이다. 수(殊)는 귀한 것이 된다. 천은 「낮은 것」이다. 음악에 귀천을 달리하는 것은 무악을 아뢰는데 있어서 천자는 8일, 제후는 6일, 대부(大夫)는 4일, 선비는 2일의 제도가 있었다.

禮別尊卑 예별존비

예도도 존비로 나뉘었다. 예(禮)는 사람이 마땅히 지켜야 할 준칙인 것이다. 예에는 신(神)에 제사 지내는 것이 가장 중요하다. 별(別)은 나누는 것이고 존비(尊卑)는 지위·신분의 높고 낮음이다. 예에도 존비가 있다는 것이다.

● 옛날에는 나라의 질서를 세우는 데 귀천의 구별을 엄히 했고 심지어 음악이나 묘에까지도 제도가 분명하였다. 신분·질서를 엄하게 하는 것이 봉건 제도의 특징이다. 위가 온화해야 아래가 화목하고 남편이 말을 내면 아내는 거기에 순종해야 한다. 풍류도 귀천에 따라 정도를 달리했고 예의도 역시 높고 낮음을 구별하도록 했다.

樂 풍류 악. 즐길 락.
殊 다를 수. 뛰어날 수.
貴 귀할 귀.
賤 천할 천. 낮을 천.
禮 예 예. 예물 예.
別 다를 별. 나눌 별.
尊 높을 존. 높일 존.
卑 낮을 비. 낮출 비.

49

上和下睦 상화하목

윗사람이 온화해야 아랫 사람도 화목한다. 상고야라 하여 높다는 뜻이나 여기에서는 윗사람을 가리킨다. 화는 화목한다는 뜻이고 하(下)는 낮은 것이니 그 지위의 낮음을 말한 것이다. 목(睦)은 눈매의 온순함을 가리킨 것이다. 위에 있는 사람이 온화한 기색으로 낮은 자를 대하면 낮은 사람은 윗사람을 공경하게 된다는 것이다.

夫唱婦隨 부창부수

남자가 선창(先唱)하면 지어미도 이에 따른다.
창(唱)은 「선도(先導)」의 뜻이며 부(婦)는 「여자가 비를 들고 청소하다」가 그 본의이나 여기서는 유부녀를 가리킨 것이고, 수(隨)는 「좇는 것」이다.

● 본절은 부부도(夫婦道)를 서술한 것인데, 겉으로 보기에 남존여비 사상이 농후하다.

上 윗 상. 오를 상.
和 온화할 화. 화목할 화.
下 아래 하. 내릴 하.
睦 화목할 목.
夫 지아비 부. 사내 부.
唱 부를 창. 노래 창.
婦 아내 부. 지어미 부.
隨 따를 수.

만사휴의(萬事休矣) 어떤 방책도 강구할 수가 없는 것으로 어떤 사태에 직면해서 그것에 대한 방책이 서지 않을 경우, 뜻하지 않은 실패를 해서 되돌릴 수가 없는 경우에 잘 쓰인다. 만사휴의는 처음부터 어떻게도 할 수가 없어서 수단은 준비가 되어 있어도 소용이 없는 것으로 송사(宋史)의 형남고씨세가(荊南高氏世家)에 나오는 말.

50

外受傅訓 외수부훈

남자는 어릴 때에는 부모 슬하에서 애육을 받다가 성장함에 따라 외부에 나아가 스승의 가르침을 받는다. 외는 집 밖을 말함이오, 수(受)는 주는 것을 갖는 것이다. 부는 좌우에서 봉시(奉侍)하는 선생님이다. 훈(訓)은 곧 가르침이다. 부훈의 입학 연령은 구구하다. 보부편 등에는 8세, 상서 대부에는 13세 「예기」내칙에는 10세라 했다.

入奉母儀 입봉모의

집안에 들어와서는 어머니의 언행 범절을 받든다. 입내야라 했으니 집안에 드는 것이오, 봉(奉)은 두 손으로 공경하여 드는 것이고, 모의(母儀)는 어머니의 언행 범절을 말함이다.

● 「입봉모의」에 대해서는 여자에 관해서 한 말 같기도 하나 모친은 항상 집안에 있으므로 소년시절의 가정 교훈은 주로 모친의 훈도를 받는 만큼 자녀를 통털어서 한 교훈으로 생각해도 무관할 것이다. 자녀 출세에 어머니의 힘은 실로 큰 것이다.
성장해서는 밖에서 스승의 교훈을 받고 집안에 돌아와서는 어머니의 거동을 본받는다.

外 바깥 외.
受 받을 수. 어조사 수.
傅 스승 부. 돌볼 부.
訓 가르칠 훈. 따를 훈.
入 들 입. 수입 입.
奉 받들 봉. 바칠 봉.
母 어미 모
儀 거동 의. 본보기 의.

51

諸姑伯叔 제고백숙

고모·백부·숙부는 모두가 아버지의 형제다. 제 (諸) 는 집운에서 「모든」이라 풀이한다. 고는 「고모」를 가리킨다. 또 아버지의 형이 백부이다. 숙 (叔) 의 본의는 「줍는다」는 뜻이고 또 세째형을 가리킬 때도 있으나 「숙부」의 뜻이다. 유자비아(猶子比兒)는 그들로 말미암은 아들은 친자식처럼 여긴다는 뜻. 유는 같다(似), 동일(同一)하다로 해석함이 타당하다고 본다.

● 아버지의 형제나 자매(姉妹)는 백부·숙부·고모요, 그들이 낳은 자녀들은 조카이니 자기 친자식처럼 사랑해야 하는 것이다.

예기 (禮記) 단궁편에 보면 「상복에 형제의 아들을 자기의 자식과 같이 취급한 것은 대개 조카를 제일 가깝게 여겼기 때문이니라 했다. 조카는 자기 자식과 같은 혈연인 것이다.

고모와 백부 숙부는 모두 아버지의 형제 자매이다. 조카는 형제의 자식이니 자기 친자식 같이 사랑하여야 한다.

諸 모두 제. 어조사 제.
姑 고모 고. 시어미 고.
伯 백부백. 맏 백.
叔 아재비 숙. 시동생 숙.
猶 말미암을 유. 한가지 유.
子 아들 자. 새끼 자.
比 견줄 비. 이웃 비.
兒 아이 아. 성 예.

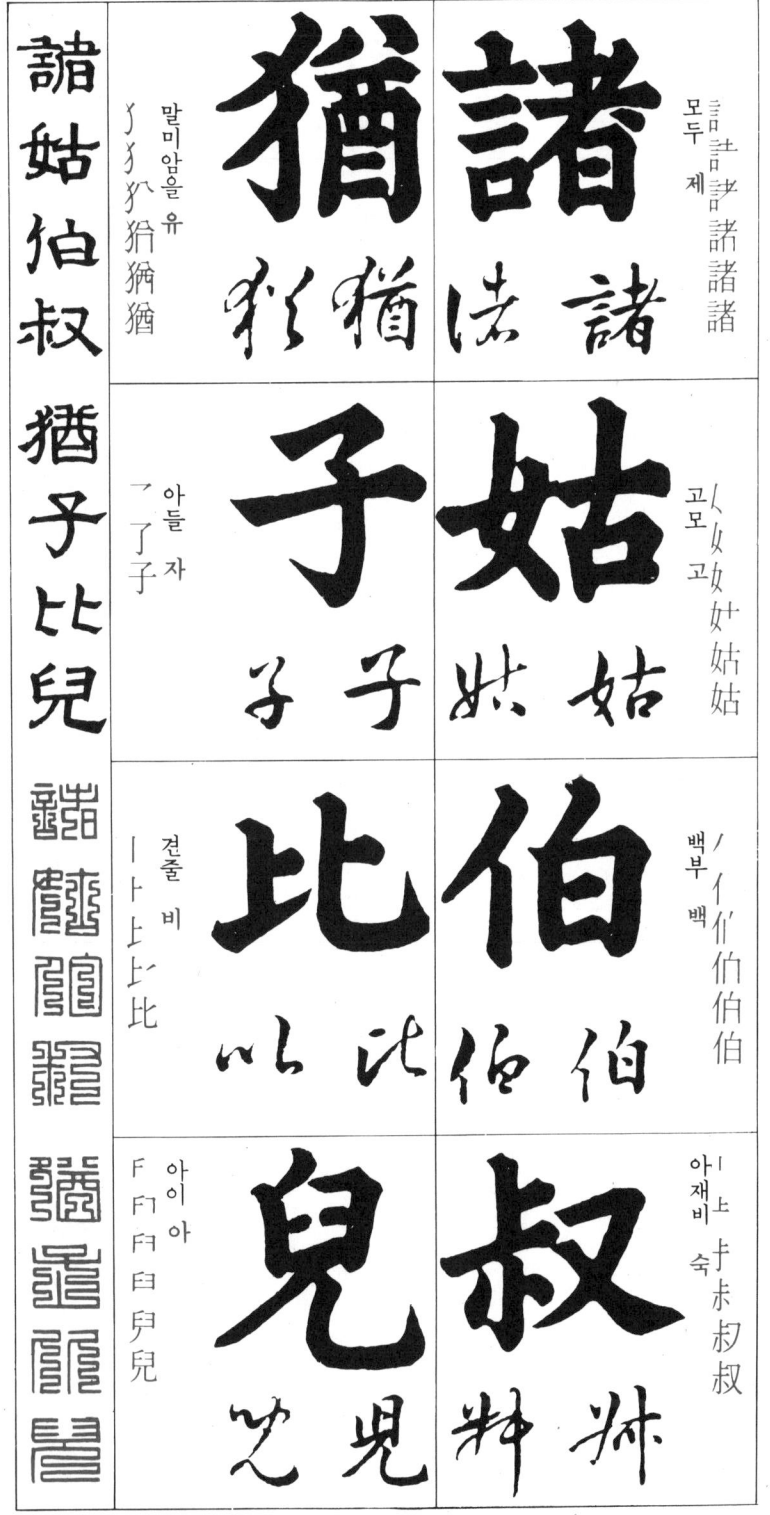

諸 모두 제
姑 고모 고
伯 백부 백
叔 아재비 숙
猶 말미암을 유
子 아들 자
比 견줄 비
兒 아이 아

孔懷兄弟 공회형제

  간절히 (孔) 그리워 하게 하는 것은 형제이다. 남자 선생은 형이 되는 것이며, 또 후생 (後生)이면 아우가 되는 것이다. 회(懷)는 염사이다.

同氣連枝 동기연지

  동기 (同氣)는 한 핏줄의 친척이 형제인 것이다. 연지 (連枝)는 연이어진 한 나무의 가지인데 즉 형제 자매를 가리킨다. 한 핏줄의 형제를 동기연지 (同氣連枝)라고 표현하였다.

● 문선 (文選) 소무 (蘇武)의 시에 보면「골육은 가지와 입새로 연했으니 사귐을 맺는 것도 역시 인연이네. 온 세상 사람 모두 형제간인데 누가 따로 혼자서 길가는 사람일까. 더구나 나와는 나무로 이어진 가지, 그대와 똑같은 몸일세」라고 읊었던 것이다. 이 절은 형제 간의 우애 (友愛)가 얼마나 친밀한 것인가를 강조한 글이다.

  가장 가깝게 사랑하여 잊지 못하는 것은 형제간이니 동기란 원래가 한 나무에서 가지가 나눠진 것이기 때문이다.

孔 매우 공. 성 공.
懷 품을 회. 따를 회.
兄 형 형. 대형.
弟 아우 제. 공경할 제.
同 한가지 동. 무리 동.
氣 기운 기. 기질 기.
連 살붙이 련. 이을 련.
枝 가지 지. 팔다리 지.

交友 교우

교(交)자는 「정강이를 마주 비빈다」는 상형 문자임을 지적하고 있다. 우(友)는 동지 위우(同志爲友)라 했으니 뜻이 같을 때 벗이라 한다 했다. 양손으로 마주잡고 상조(相助)하는 것이 교우의 대의인 것이다.

投分 투분

정분을 「내어맡김」이 투분이다.

切磨 절마

나무는 자르고(切) 쓸어서 아름답게 만들고, 옥(玉)은 쪼고 갈아서 광(光)을 낸다. 모든 것을 정성스럽게 닦고 가는 것이 절마이다.

箴規 잠규

경계하여 바른 길로 나가도록 신칙한다.

●본절은 봉우지도를 논한 것인데 교우의 진수는 따뜻한 애정을 갖는 동시에 서로 경계하여 바로잡아 주는데 있는 것이다.

交 사귈 교. 합할 교.
友 벗 우.
投 던질 투. 줄 투.
分 분수 분. 직분 분.
切 정성스러울 절. 끊을 절.
磨 갈 마. 닦을 마.
箴 경계 잠. 바늘 잠.
規 경계할 규. 본 뜰 규.

사이비자(似而非者) 공자 왈 「사이비한 자를 미워한다. 가라지(는 잡초이나 벼의 모(苗) 와 비슷해서 방해가 된다. 말을 잘하는 자를 미워하는 것은 정의를 혼란케 하기 때문이다. 정나라 음악을 미워하는 것은 그것이 아악과 비슷해 올바른 음악을 혼란시키기 때문이다. 향원을 미워하는 것은 덕을 어지럽히기 때문이다」고 하였다.

仁慈 인자

진심으로 사람을 사랑하는 것을 인(仁)이라 한다. 또 사(慈) 역시 사랑이기는 하나 한층 부드러운 사랑이다. 인자(仁慈)는 인후하고 자애스러운 것이다.

隱惻 은측

은(隱)은 「은근하다」의 뜻으로 변한 글자다. 측은 「측은하다」의 뜻이다. 측은히 생각하는 마음이 은측이다.

造次 조차

조차는 「눈깜짝할 사이」, 곧 잠시 동안을 가리킨 말이다.

弗離 불리

「아니된다」의 뜻으로 풀이함이 가하다. 이 (離)는 거야라 했으니 「떠나다」의 뜻이다. 불리(弗離)는 「떠나서는 안된다」의 뜻이다.

● 사람이라면 그 마음 가운데 누구나가 가지고 있는 것이 인자한 마음과 남을 불쌍히 여기는 마음, 즉 연민인 것이다. 이 마음을 항상 지니고 있어야 함에도 불구하고 일단 악덕에 감염되면 존귀한 본성을 상실하게 되는 것이니 이 점을 훈계한글이 즉 본절이다. 본절까지의 오륜의 중요한 점들을 설명했다.

仁 어질 인. 사람 인.
慈 사랑할 자. 예쁠 자.
隱 가엾어할 은. 음흉할 은.
惻 슬퍼할 측.
造 잠깐 조. 지을 조.
次 버금 차. 이을 차.
弗 아니 불.
離 떠날 리. 떨어질 리.

節義 절의

　절은 「대마디」의 뜻이나 여기서는 전의하여 「절개」를 의미한다. 의(義)는 「옳은 일」이니 도의(道義)이다. 절조를 지키고 의리를 세운다.

廉退 염퇴

　「광아석고」에 염청야라 했으니 청렴을 뜻한다. 퇴(退)는 여기서는 「물러감」이 아니고 「물리침」으로 풀이함이 타당하다.

顚沛匪虧 전패비휴

　전(顚)은 곧 「엎어진다」의 뜻이다. 패는 「넘어지다」의 뜻이다. 그러나 전패일 때는 「잠간 사이」라는 말이다. 비휴는 이지러지지 않는다는 뜻.

●본절에서는 절의는 어떤 일이 있더라도 잠시라도 잊어서는 안 된다는 것을 역설했다. 이 난에서 첨가할 것은

節 절개 절. 마디 절.
義 의의 의. 옳은 일.
廉 청렴할 렴. 검소할 렴.
退 물러날 퇴. 물리칠 퇴.
顚 뒤집힐 전. 이마 전.
沛 넘어질 패. 늪 패.
匪 아니 비. 비적 비.
虧 이지러질 휴.

대의멸친(大義滅親) 군신의 대의를 다하기 위해서는 부자의 친애도 희생을 시켜야 한다는 뜻. 출전은 춘추좌씨전(春秋左氏傳 은공三, 四년에 나와 있는 말로 선작의 아들, 후가 주우를 만인이 인정하는 정통의 위군(衛君)으로 인정받는 방법을 묻자 진나라를 찾아가라고 일러주고 몰래 사람을 시켜 반역자라고 알려 후는 주살을 당했다. 이심(二心)이 없는 순신(純臣)이라 후엔 칭송받았다.

節개 절　⺮管管節節節
의의 의　羊差羊義義義
청렴할 렴　广广庐庐庐廉廉
물러날 퇴　ㅋ艮艮艮退退
뒤집힐 전　⺆旨眞眞顚顚
넘어질 패　氵汃汁沛沛
아닐 비　厂厂厞厞匪匪
이지러질 휴　广虍虍虐虧虧

性靜 성정

성품이 고요하다. 성(性)은 사람이 날 때 타고난 마음이 성품인 것이다.

情逸 정일

정(情)은 선천적인 성(性)과는 반대로 후천적인 흥락호락(興樂好樂)의 감정이라고 했다. 정일(情逸)은 「「마음이 편안하다」의 뜻이다.

心動神疲 심동신피

마음이 동요되면 정신도 피로하다. 즉 사람의 마음이란 사람의 몸뚱이 속에서 사물을 생각하는 곳이다. 동(動)은 「일어나 움직인다」의 뜻이다. 신(神)은 마음의 신령, 곧 사람의 마음을 활동시키는 주체를 말한다. 피(疲)는 여기서는 피곤하다로 풀이한다.

● 우리 인간은 성품이 안정되었을 때 자연히 마음도 편안함을 인식한다. 따라서 그럴 때는 남에게 대한 말소리나 태도가 유순해짐을 감지할 수 있다. 요컨대 성품이 고요하고 마음이 꿋꿋하면 그 사람의 정신적, 또는 정서적인 생활이 안정을 얻는다는 뜻이다.

사람은 본성이 고요하면 마음이 편안하고 마음이 동요하면 신경이 지쳐버린다.

性 성품 성. 성질 성.
靜 조용할 정. 쉴 정.
情 뜻 정. 인정 정.
逸 편안할 일. 잃을 일.
心 마음 심. 염통 심.
動 움직일 동.
神 혼 신. 귀신 신.
疲 고달플 피. 야윌 피.

守眞 수진

　진실됨을 지킨다. 수진에 대해 후한서(後漢書)에 보면「가난한 것을 편안히 여기고 조용한 것을 즐겼으니 올바른 도를 맛보고 참마음을 지킨 것이다. 이리하여 조습에 따라 가벼워지거나 무거워지지 않고, 궁하고 달한 것에 따라서 절개를 바꾸지 않았다고 했다.

志滿 지만

　지(志)는 뜻이란 말이다. 만(滿)은「물이 넘친다」의 뜻이다. 지만(志滿)은「뜻이 가득차다」의 뜻이다.

逐物意移 축물의이

　축(逐)은「쫓다」의 뜻이다. 물(物)은 여기서는 물욕(物慾)인 것이다. 의(意)는 뜻(志)이라 했고 이(移)는「옮기다」의 뜻이다.「물욕을 쫓아 움직이면 생각도 이리 저리 옮기게 된다」는 것이「축물의이」의 뜻이다.

● 진(眞)은 생겨난 대로여서 조금도 간사한 지혜나 사사로운 뜻이 섞이지 않은 인간 본연의 참마음을 말한다.

　참된 길을 지키면 뜻이 가득해지고 물욕을 따르면 마음은 각처로 옮겨 정착할줄 모른다.

守 지킬 수.
眞 참 진.
志 뜻 지. 적을 지.
滿 찰 만. 넘칠 만.
逐 쫓을 축. 다툴 축.
物 만물 물. 재물 물.
意 뜻 의.
移 옮길 이.

堅持 견지

　군게 보지하다. 견은 「단단한 흙」을 가리킨다. 지(持)는 악야(握也)라 했으니 손에 쥐는 것이다.

雅操 아조

　아(雅)는 「올바르다」의 뜻이다. 또 조(操)는 「잡다」의 뜻이었으나 「집운(集韻)」에서 「절조」의 뜻으로 변하였다. 즉 아조(雅操)는 「올바른 절조」인 것이다.

好爵自縻 호작자미

　높은 지위는 스스로 잡히어 이른다. 호(好)는 여기서는 「훌륭한」의 뜻으로 풀이함이 적절하다. 작은 「작위 공후 백자남경대부야라」했으니 공, 후, 백, 자, 남 등의 작위와 경대부들을 가리킨 말이다.

●이 글에서 보는 바와 같이 철석 같은 올바른 지조가 있어야만 높은 지위도 스스로 잡혀서 굴러든다는 진리를 깨달아야만 된다. 벼슬 뿐 아니라 다른 사회에서도 이 진리는 언제나 적용될 수 있음을 우리는 명심하여 이 진리의 소지(素地)에서 몸을 닦아야만 하는 것이다.

　사람이 견고한 지조를 군게 가지면 높은 지위는 스스로 그에게 읽히어 이른다.

堅 군을 건. 군게 견.
持 가질 지. 지닐 지.
雅 바를 아.
操 지조 조. 잡을 조.
好 좋을 호. 아름다울 호.
爵 벼슬 작.
自 스스로 자. 몸 자.
縻 맬 미. 끈 미.

59

都邑 도읍

　도(都)는 군주들의 선조를 제
사지내는 종묘의 소재지이다.
읍(邑)은 사방 5리의 땅의
행정 구획으로 풀이되고 있
다. 대체로 도읍은 대도회를
의미하나 여기에서는 나라의
서울을 가리킨 것이다.

華夏 화하

　중국 곧 중화민국과 같은 뜻
의 고유명사이다. 화(華)는
영화스럽다는 뜻이고 하(夏)
는 중국지의야(中國之意也)
라 했다. 따라서 화하는 중
국과 동의인 것이다.

東西二京 동서이경

　동, 서경의 두 도읍이 있다.
동쪽에는 주나라 성왕(成王)
이 비로소 도읍을 정해서 이
곳을 동도(東都)라 했다. 또
서쪽의 장안(長安)에는 전한
때 고조가 도읍을 정하고 서
경(西京)이라고 불렀다. 이
두 도읍지를 병칭하여 동서
이경이라 한다.

●본절에서는 제도(帝都)의 규
모가 광대함을 말한 것이다.
대체로 수도는 일국 문화의
연원이다. 또 고대에서 부터
중국은 자기 나라의 국명을
중국, 중화(中華). 화하(華
夏)라 불러 세계의 대국임을
뽐냈으며 또 그 제도가 정제
한 점을 자랑했던 것이다.

都 도읍 도. 모일 도.
邑 고을 읍. 영유할 읍.
華 꽃 화. 빛 화.
夏 여름 하. 나라 하.
東 동녘 동.
西 서녘 서.
二 두이 둘. 다음 이.
京 서울 경. 언덕 경.

60

背亡陑洛 배망면락

배(背)는 「등지다」의 뜻이다.
망은 낙양의 북망산인데 이
곳은 제왕·명사의 무덤으로
유명한 산이다. 면(面)은 온
얼굴을 가리킨 글자이다.「향
하다」의 동사로도 쓰인다. 낙
(洛)은 낙수(洛水)인데 황하
의 지류이다. 「배망면락」은
「북망산을 등지고 낙수를 향
하였다」의 뜻이다.

浮渭據涇 부위거경

부(浮)는 「뜨다」의 뜻이고,
위는 위수이다. 거는「의지하
다」의 뜻이며 경은 경수이다.
「부위거경」은 「위수가에 떠
있는 장안 長安 은 경수를의
지하고 있다」의 뜻이다.

●배망은 동경, 부위는 서경의
위치를 말하고 있는데, 본절
은 동서 2경의 지세를 논한
글이다. 동경부에 보면「낙수

背 등 배. 뒤 배.
邙 산이름 망.
面 면 면. 낯 면.
洛 물이름 락.
浮 뜰 부. 가벼울 부.
渭 물이름 위.
據 의거할 거. 웅거할 거.
涇 물이름 경.

기화가거 (奇貨可居) 전국시대 말
기. 거상(巨商) 인 여불위는 우
연히 진의 태자 안국군의 서자
자초가 인질로 있다는 것을 알
았다.—이 기화(奇貨)를 잡아
두자. 불위는 계책을 세웠다.
「내게는 돈이 있읍니다. 당신
을 태자로 세울 운동을 하겠읍
니다」하고 말했다. 여불위의
재력과 웅변으로 자초는 후일
태자가 되었다. 자초라는 기화
(奇貨)는 여불위의 야망을 달
성케 했다.

背邙面洛 浮渭據涇

뜰 부	浮	背	등져 배 北
물이름 위	渭	邙	산이름 망
의거할 거	據	面	낯 면
물이름 경	涇	洛	물이름 락

61

宮殿 궁전

궁(宮)은 옛날에는 귀천없이 거주의 칭으로 쐬었다. 그러다가 진한 이래 유독 왕의 거소만을 궁으로 칭하게 되었다고 했다. 또 전(殿)은 「큰집」을 이르는 말이다. 따라서 궁전은 「제왕의 어전」이다.

盤鬱 반울

반(盤)은 「서린다」는 뜻으로 풀이함이 옳다. 울은 나무가 울창하다는 뜻이다. 따라서 「반울」은 「빽빽히 서리다」의 뜻이다.

樓觀 누관

높은 누각과 관대, 누(樓)는 「층계집 다락」이다. 관(觀)은 여기서 역시 높은 건물을 의미한다.

飛驚 비경

「나는 듯하여 놀랍다」의 뜻이다.

● 본절은 창공을 빈틈없이 뒤덮고 있는 전각이 고대하고 빽빽히 들어차 있는 장관을 말한 것이다. 규모가 크고 장엄한 건조물(建造物)을 의미한다.

궁과 전은 고대(高大) 한데 빽빽하게 들어찼고 고루(高樓)와 관대는 새가 하늘을 날으는 듯 솟아 놀랍기만 하다.

宮 집 궁.
殿 큰집 전. 후군 전.
盤 서릴 반. 대야 반.
鬱 성할 울. 우거질 울.
樓 다락 루. 망루 루.
觀 볼 관. 생각 관.
飛 날 비. 높을 비.
驚 놀랄 경.

圖寫 도사

그림을 그리다. 도(圖)는 계획의 뜻, 사(寫)는 물건을 바꾸다가 그 본의이니 사서(寫書) 즉「베끼다」의 뜻으로 변하였다.

禽獸 금수

새와 짐승. 새란 새짐승을 망라한 것이라 했다. 또「이아」에 발이 둘이고 날개가 있는 것을 새라 하고 발이 넷이며 털이 있는 것을 짐승이라 한다고 했다. 그러나 일반적으로 금수라 함은 인륜을 벗어난 불륜한 자를 뜻한다.

畫采 화채

채색으로 그리다.

仙靈 선령

신선(神仙)과 영위(靈位).

● 전문(前文)에서는 궁전의 외관에 대해 서술하였고 이 글에서는 아름다움을 다한 궁전 내부의 미관을 묘사하였다. 명공들의 솜씨로 이루어진 새짐승의 그림은 왕의 성운을 구가하는가 하면 늙어도 죽지 않는 신선의 그림으로 장수를 빌며 또 사람의 재주로는 헤아릴 수도 없는 활동력이 있는 영(靈)의 그림까지 묘사하려고 애쓴 궁중의 화려함을 상상해 보라.

圖 그림 도. 꾀할 도.
寫 그릴 사. 베낄 사.
禽 새 금.
獸 짐승 수.
畫 그림 화. 꾀할 획.
采 채색 채. 빛 채.
仙 신선 선. 선교 선.
靈 신령 령.

丙舍 병사
병은 궁실 안의 방의 등위를 표시한 것이다. 이를테면 궁중 안의 제 3 사가 병사인데 궁중 신하들이 쉬는 곳이다.

傍啓 방계
방(傍)은 옆을 말한다. 계는 열리는 것이라 했다. 「방계」는 옆에 열려있다의 뜻이다.

甲帳 갑장
갑을병(甲乙丙)의 순위로 지어진 제 1 장이 갑장(甲帳)이다. 갑장은 신(神)이 있는 곳에 치고 을장은 임금이 계신 곳에 쳤다고 했다.

對楹 대영
대(對)는 모가 없다고 했고 영은 기둥이라 했다. 대영은 둥근 기둥이 마주 서 있다는 뜻이다.

● 정전(正殿)을 중심으로 많은 관사가 세워져 있고 그곳에 통하는 문이 옆으로 열려 있는데 궁전 안은 상 위에 친 휘장이 찬란한 가운데 큰 기둥이 임립한 궁중의 규모의 웅대함과 미려(美麗)를 극한 장식의 극치를 나타낸 글이다.

丙 천간 병. 밝을 병.
舍 집 사. 머무를 사.
傍 곁 방.
啓 열 계.
甲 갑옷 갑. 껍질 갑.
帳 휘장 장. 장부 장.
對 마주볼 대. 대답할 대.
楹 기둥 영.

전전긍긍(戰戰兢兢) 전전(戰戰)은 겁을 먹고 벌벌 떠는 모양, 긍긍(兢兢)은 몸을 삼가는 모습을 말하며 이 말은 시경에 있다.

丙舍傍啓甲帳對楹

丙 천간병 一一冂丙丙
舍 집사 人人合合舍舍
傍 곁방 亻仸侉傍傍
啓 열계 一彐户户启啓
甲 갑옷갑 冂日日甲
帳 휘장장 冂巾帓帳帳
對 마주볼대 业业對對對
楹 기둥영 木朸杨楹楹

肆筵設席 사연설석

　대자리를 벌여놓다. 肆는 벌여놓다. 연은 대자리이다. 설석(設席)은 좌위(坐位)를 진설한다는 뜻. 또 석(席)은 돗자리, 즉 귀인의 앉는 자리다.

鼓瑟 고슬

　당비파를 타다. 고(鼓)는 손으로 두둘긴다는 뜻이고 슬은 우리 나라의 거문고지만 당비파로 풀이함이 적합할 것이다.

吹笙 취생

　생황저를 분다. 취(吹)는 숨기운을 내어뿜는 것이다. 생은 정월에 물(物)이 생하니 대(竹)와 생(生)이 합하여 생황저가 된 것이다.

●시경 소아(小雅) 녹명(鹿鳴)에는 「나에게 반가운 손이있어 비파를 타고 생황을 분다」고 했다. 이 글은 여기서 인용한 것으로 보인다.

　전문(前文)을 받아 장엄 화려한 궁전 안에서 공사 의식이 있을 적에는 제후 및 군신을 회합시켜 연회를 베풀고 음악을 연주하는 성황을 서술한 것이다.

　돗자리를 펴서 좌위(坐位)를 정한 후 비파를 뜯고 생황저를 불어서 흥을 돋군다.

肆 늘어놓을 사. 방자할 사.
筵 자리 연.
設 베풀 설. 설령 설.
席 자리 석. 베풀 석.
鼓 북 고.
瑟 비파 슬.
吹 불 취.
笙 생황 생.

陞階 승계

「통훈정성 (通訓定聲)」에 승은 오른다는 뜻으로 해석하고 있다. 계 (階)는 오르는 것이라고 했다. 승계는 계단에 오르다.

納陛 납폐

납 (納)은 든다는 뜻이고, 폐는 천자의 계단이다 라고 했다. 납폐는 궁중에 입신(人身)하는 것이다.

弁轉疑星 변전의성

변 (弁)은 고깔이고 전 (轉)은 구르는 것이다. 의 (疑)는 미혹하는 것이며 별은 반짝이는 천체이다. 그러므로 변전의성은 「관의 보석이 구르는 것이 마치 별이 아닌가 의심스럽다」의 뜻이다.

● 이 절은 조정의 고관 대작들이 의관을 정제하고 층계를 상하(上下)하면서 궁중에 들어가, 옥좌(玉座)에 오르 내리릴 때, 그들의 관에 품계를 따라 붙인 휘황 찬란한 주옥(珠玉)들이 번쩍이는 모양이 마치 밤 하늘의 별처럼 화려하다는 뜻이다.

폐계를 올라 전중에 들어가니 고관(高官)들의 관(冠)에 장식한 주옥들은 별이 아닌가 의심스러웠다.

陞 오를 승.
階 섬돌 계. 사닥다리 계.
納 들일 납.
陛 섬돌 폐.
弁 고깔 변. 칠 변.
轉 구를 전. 옮길 전.
疑 의심할 의. 싫어할 의.
星 별 성.

右通廣內 우통광내

　우측으로는 광내 (廣內)에 통한다. 우(右)는 좌(左)의 대 (對)라고 했다. 통(通)은 도달하는 것이다 라고 했다. 광 (廣)은 광대한 전당 (殿堂)이며 내 (內)의 본의는 밖에서 안으로 들어오는 것이다. 그러나 여기에서 광내 (廣內)는 도서 (圖書)를 갖춘 이를테면 국립도서관이다.

左達承明 좌달승명

　좌측으로는 승명 (承明)에 도달한다. 좌는 왼편, 달(達)은 통(通)이라 했으며 승(承)은 물건을 받들거나 받는 것이다. 또 명(明)은 비추는 것이다. 승명 (承明)은 수직하고 쉬는 곳이다.

● 이와 같이 궁전(宮殿)의 지역은 광대하고 도로는 복도 (複道)였으며 몇 십리에 뻗치는 장관이었다. 이러한 궁전 안에서 어진 임금과 총명한 신하가 국정 (國政)을 다루면서 서로 즐거워 했을 것이 「도읍화하」이후의 여러 절에서 상상된다.

　바른편으로는 광내전까지 통하고 왼편으로는 승명려(承明廬)에 이른다.

右 오른쪽 우. 도울 우.
通 통할 통.
廣 넓을 광. 빌 광.
內 안 내. 몰래 내.
左 왼 좌. 도울 좌.
達 통할 달. 달할 달.
承 받들 승. 이을 승.
明 밝을 명. 나라이름 명.

왼 좌 一ナ左左 左 左	오른 우 一ナ才右右 右 大 右		
통할 달 土牛幸達達 達 達	통할 통 マ甬甬通通 通 通		
받들 승 一了手承承 承 承	넓을 광 广庄庐廣廣 廣 廣		
밝을 명 日日明明明 明 明	안 내 口内内 内 内		

旣集 기집
　이미 모으다.

墳典 분전
　분(墳)은 무덤이다. 그러나 여기서의 분은 삼황의 사적을 실은 책을 의미한다. 전(典)은 즉 5제(五帝)의 경전이다. 그러므로 분전은 3황 5제의 전적이다.

亦聚群英 역취군영
　또한 수 많은 영재(英才)를 모으다. 역(亦)은 우(又)이다. 군(群)은 무리이며 영은 영재이다.

●여기서는 광내전에 분전(墳典)을 이미 수집하여 구비한 바 있음을 말하고 또 분전을 찾아 많은 영재가 모였다는 것을 말했다. 말하자면 교육 시설이 정비되었음을 설명한 것이다.

　다만 여기에 분전, 즉 3황 5제의 전설에 대해 사족을 달아볼 필요가 있으리라고 사려된다. 3왕 5제에 대해서는 여러 가지 설이 있는데 3황을 천황씨·지황씨·인황씨라고 보는 사람이 있고, 5제는 황제·전욱·제고·당요·우순을 들었다. 「공안국」은 복희·신농·황제를 3황, 소호·전욱·고신·당요·우순을 5제라고 했다.

旣 이미 기. 다할 기.
集 모을 집. 이룰 집.
墳 책분. 무덤 분.
典 책 전. 법 전.
亦 또한 역. 모두 역.
聚 모일 취. 무리 취.
群 무리군. 많을 군.
英 빼어날 영. 꽃 영.

旣 이미 기	亦 또한 역
集 모을 집	聚 모일 취
墳 무덤 분	群 무리 군
典 책 전	英 빼어날 영

杜稾 두고

두(杜)는 성을 말한 것이다. 고는 초고(草稿)의 고(稿)의 고(稿)라는 뜻이다. 두(杜)는 후한의 두도(杜度)인데 자(字)는 백도(伯度)로서 초서(草書)를 잘 썼다. 두고라 하면 이 두백도가 쓴 초서를 말하는 것이다.

鍾隸 종예

예(隸)는 본문의 종(鍾)은 위나라의 종요인데 자는 원상이요 이름 높은 명필이었다. 종예는 종요의 예서(隸書)를 말하는 것이다.

漆書 칠서

먹과 붓이 없던 옛날에 대나무 쪽에 옻으로 칠해서 쓴 글

壁經 벽경

벽(壁)은 담이라 했다. 경은 무소불통하는 성인의 저술이다. 벽경(壁經)은 노(魯) 나라 때 공자의 구옥을 파괴했을 때 벽 속에서 나온 고문 상서·논어·효경 등의 경서를 말한다.

●전문(前文)의 이미 수집한 분전(墳典) 속에는 각종의 귀중한 것이 많았지만 그중에서도 두백도의 초서와 종요의 예서와, 과두문자의 칠서 그리고 공자 후손의 주택의 벽 속에서 얻은 경서가 더욱 귀중한 것이었다.

杜 팔배나무 두. 막을 두.

稾 짚 고.

鍾 쇠북 종. 술병 종.

隸 종 례. 붙을 례.

漆 옻나무 칠. 검을 칠.

書 글 서. 글씨 서.

壁 벽 벽. 낭떠러지 벽.

經 책 경. 지낼 경.

69

府羅將相 부라장상

부(府)는 모이는 곳이다라고 했으니 즉 관부(官府)의 뜻이다. 나(羅)는 나열야(羅列也)라 했다. 장(將)은 군을 주재하는 사람이다. 상(相)은 장관을 이르는 말이다. 부라장상(府羅將相)은 「부에는 장상이 늘어섰다」는 뜻이다.

路夾槐卿 노협괴경

노(路)는 길이다. 협의 본의는 대인의 양 겨드랑이를 끼는 것이다. 주대(周代)에 조정 안에 나무를 세 그루 심어서 삼공(三公)의 좌석의 표지를 삼았다. 또 경은 대신이다. 노협괴경은 「괴경의 저택이 길을 사이에 두고 즐비하게 늘어섰다」는 뜻이다.

● 본절에서는 장상(將相)이 기라성같이 모였으며 그 저택이 즐비한 도성의 번성을 나타낸 것이다.

府 도읍 부. 고을 부.
羅 늘어설 라. 비단 라.
將 장수 장. 장차 장.
相 정승 상. 서로 상.
路 길 로.
夾 낄 협. 좁은 협.
槐 삼공 괴. 홰나무 괴.
卿 벼슬 경. 선생 경.

조문도석사 가의 (鮮聞道夕死可矣)
공자가 서주의 무질서에 비원(悲願)에 가득 차 노에서도 노력 했거니와 중원을 유랑하며 가는 곳마다 제후에게 설득하였다. 노공자(老孔子)의 입가서 나온 한탄의 말로 「아침에, 천하에 도(道:올바른 政道)가 행해지고 있다는 말을 듣는다면 저녁에는 죽어도 좋다」고 말해 아침에 도를 들으면 목적을 달했으니 저녁에 죽어도 좋다는 뜻.

길 로 口 무 跻 路 路 跻 路	路	도읍 부 广 广 庐 府 府 府 府 府	府
낄 협 一 ナ 大 夾 夾 夾 侠 侠	侠	늘어설 라 罒 罒 罗 罗 罗 罗 罗 罗 羅	羅
삼공 괴 木 朳 柚 柙 槐 槐 枳 槐	槐	장수 장 丬 丬 丬 丬 丬 將 將 將 將	將
벼슬 경 ㄥ ㄗ ㄸ 卿 卿 卿 卬 卿	卿	볼 상 十 才 朾 相 相 相 杣 相	相

戶封八縣 호봉팔현

　호(戶)는 문구(門口)를 수호
하는 구실을 하므로 호(護)
라고 한 것이다. 봉(封)은 제
후를 작명(爵命)하여 영토를
통치하는 것이다.
　또 팔(八)의 본의는 좌우로
갈라지는 것이라 했다. 현은
진시황 때부터 시작한 행정
상의 구획으로, 처음에는 군
의 위였으나 후에는 군 또는 부
에 속했다. 호봉팔현(戶封八
縣)은 「八현의 민가에서 나
오는 조세를 수입으로 삼도
록 한다」는 뜻이다.

家給千兵 가급천병

　가(家)는 가거야(家居也)라
했으니 집을 의미한다. 급은
상족(相足)함이라고 했다. 상
족은 뭐냐 하면 남의 부족함
을 보태준다는 뜻이다. 천은
천십백야(千十百也) 라 했으
니 10의 100 배가 1000이다.
병(兵)의 여기에서의뜻은 병
졸(兵卒)이다. 「가급천병」
은 「공신의 집에는 천병(千
兵)을 주어서 그들의 명령을
받도록 했다」는 뜻이다.
●옛날 중국에서는 귀족이나
왕족뿐 아니라 군영(群英)중
의 공신에게 토지와 군사를
주어 우대했던 것을 말한 것
이다.

戶 집 호. 지게 호.
封 봉할 봉. 흙더미 봉.
八 여덟 팔.
縣 고을 현.
家 집 가. 아내 가.
給 넉넉할 급. 줄 급.
千 일천 천.
兵 군사 병. 싸울 병.

高冠陪輦 고관배련

　관을 높이 써 위의를 갖추고 천자의 수레에 배승한다. 고(高)는 숭야라 하였다. 관은 두발을 덮는 것이다. 배(陪)는 수반함이다. 연은 수레를 끄는 것이라고 했다.

驅轂振纓 구곡진영

　「수레가 달릴 때마다 관 끈이 흔들린다」. 구(驅)는 달리다. 곡은 수레이다. 진은 「떨친다」의 뜻이요, 영은 갓을 매는 끈이다.

● 천자의 행차에 있어서의 그 화려 성대함을 과시한 것이 이 글이다. 장상(將相)은 기라성 같고 공경(公卿)의 집들은 즐비한데 천병(千兵)을 맡은 제후들까지 옥련을 뒤따르니 흔들리는 것은 갓끈만이 아니었을 것이다.

高 높을 고.
冠 갓 관. 벗 관.
陪 모실 배. 배신 배.
輦 손수레 련.
驅 몰 구.
轂 바퀴통 곡.
振 떨칠 진. 움직일 진.
纓 갓끈 영. 감을 영.

초인유궁초인득지（楚人遺弓楚人得之）초나라를 강대하게 만든 것은 춘추오패의 한 사람인 초장왕. 그의 아들이 공왕（共王）이다. 공왕이 사냥을 갔다가 활을 잊어버리고 돌아왔다. 신하가 「활을 찾아올까요?」 하자 공왕은 「괜찮지 않은가. 초나라 사람이 잊어버린 활을 초나라 사람이 주을 뿐, 일부러 가지러 갈 필요가 있겠는가」하고 대답했다. 이 에피소드는 자못 국왕으로서 걸맞는 마음이 너그러운 이야기로서 후세에까지 전해진 것이다.

72

世綠 세록

　1 세(世)는 30년이다. 녹은 봉급의 뜻으로도 쓴다. 세록은「자자손손 이어서받는 세습의 국록」이다.

侈富 치부

　치는 자랑하여 남을 업신여기다의 뜻이다. 부는 집안에 재화가 풍부하다는 것이다. 「치부」는 「호사스러울 만큼 풍부하다」의 뜻이다.

車駕 거가

　거(車)는 수레, 가는「타다」의 뜻이다. 거가는 「탈 것」이라 해야 하겠지만 여기에서는 공신(功臣)들이 타는 수레로 풀이함이 옳을 것이다.

肥輕 비경

　비(肥)는 살찐 것이라 했고 경(輕)은 가벼운 수레이다라고 했다. 「말은 살찌고 수레는 가볍다」는 것이 「거가 비경」의 뜻이다.

● 천자의 봉련에 배종하는 사치러움과 태평 성대의 천자의 나들이의 위세를 과시한 글이다. 옛날에는 국가의 공신(功臣)에 대하여 본인은 물론, 그 자손에게 까지 봉록을 주었으며, 과거에 급제하지 못해도 벼슬 길에 나아가게 했다.

世 인간 세. 대 세.
綠 복 록.
侈 사치할 치. 오만할 치.
富 넉넉할 부.
車 수레 거.
駕 탈것 가. 더할 가.
肥 살질 비. 걸 비.
輕 가벼울 경.

世 인간 세　一十卄卅世

綠 복 록　示礻礻礻礻祿祿

侈 사치할 치　亻亻侈侈侈

富 넉넉할 부　宀宀宀宀宀富富

車 수레 거　一一一一一一一

駕 탈것 가　力加加加智智駕

肥 살질 비　丿刀月月肌肥

輕 가벼울 경　曰曰車一軒輕輕

策功 책공

책(策)은 획책이고 공(功)은
공적. 책은 도모하다 라고
했다. 공(功)은「힘써서 나
라를 평정하다」라고 했다.

茂實 무실

무성충실(茂盛充實)의 약어
로「성하고 충만함」이다. 무
(茂)는 초목의 성한 모양을
말함이다.

勒碑刻銘 늑비각명

늑은 각(刻)의 뜻이고 비는
직립(直立)한 돌이다. 각은
「새기다」가 그 뜻이고 명은
기록하는 것이라고 했다.「늑
비각명」은「공적을 비면에
새기다」의 뜻이다.

● 영재(英才)들이 나라에 공을
세웠을 때는 가상히 여겨 비
를 세워 그 사적을 새기고 글
을 지어 찬미한다.
또「늑비각명」에 대해서는 후
한서(後漢書)에 뜻이 나타나
있다.「…온특수 등 811부가
무리를 이끌고 항복하니 전
후에 20여만 명이나 되었다.
헌(憲)과 병이 드디어 연연산
에 올라……(중략)…… 이곳
에 돌을 새겨 그 공로를 써
서 한나라의 위덕을 기념하
기 위하여 명을 짓게 했다」
는 것이 그것이다.

策 꾀 책. 채찍 책.
功 공 공. 보람 공.
茂 우거질 무. 성할 무.
實 열매 실. 속 실.
勒 새길 륵. 억누를 륵.
碑 비 비. 비문 비.
刻 새길 각. 깎을 각.
銘 새길 명. 명 명.

磻溪 반계

　강이름이다. 태공망(太公望)
　여상(呂尚)이 낚시질 하던곳
　이다.

伊尹 이윤

　은(殷)나라 현상(賢相)으로
　이름은 지이다. 걸을 방벌하
　여 탕(湯)으로 하여금 천하
　를 통일케 하니 탕왕은 그를
　아형(阿衡)이라고 높여서 불
　렀다.

佐時 좌시

　「시세(時世)의 급한 것을 구
　제한다」는 뜻이다.

阿衡 아형

　이윤에게 아형이라는 존칭을
　붙였다. 탕왕이 이윤에 의지
　해서 천하를 평정했다. 그래
　서 아형을 관명으로 썼다고
　했다.

● 천자를 보좌하는 신하가 되
　어 그 공적을 금석에 새겨둘
　수 있는 사람으로는 주나라
　의 태공망 여상과, 은나라의
　이윤이 있다.

磻 물이름 반.
溪 시내 계.
伊 저이. 이 이.
尹 미쁠 윤. 성 윤.
佐 도울 좌.
時 때 시. 때때로 시.
阿 언덕 아. 기슭 아.
衡 저울대 형.

사면초가(四面楚歌) 초패왕 항우
　가 한왕 유방과 싸울 때의 일
　화로 항우가 싸움에 패해 군사
　도 줄고 식량도 떨어졌다. 밤
　이 되었는데 어디선지 초 나라
　노래가 들려왔다. 장량의 계략
　이었는데 과연 초나라의 출정
　병들이 고향의 노래소리를 듣
　고 전의를 잃고 탈락해 갔다.
　이에 항우는 끝장이 났음을 알
　고 결별연을 열었다.

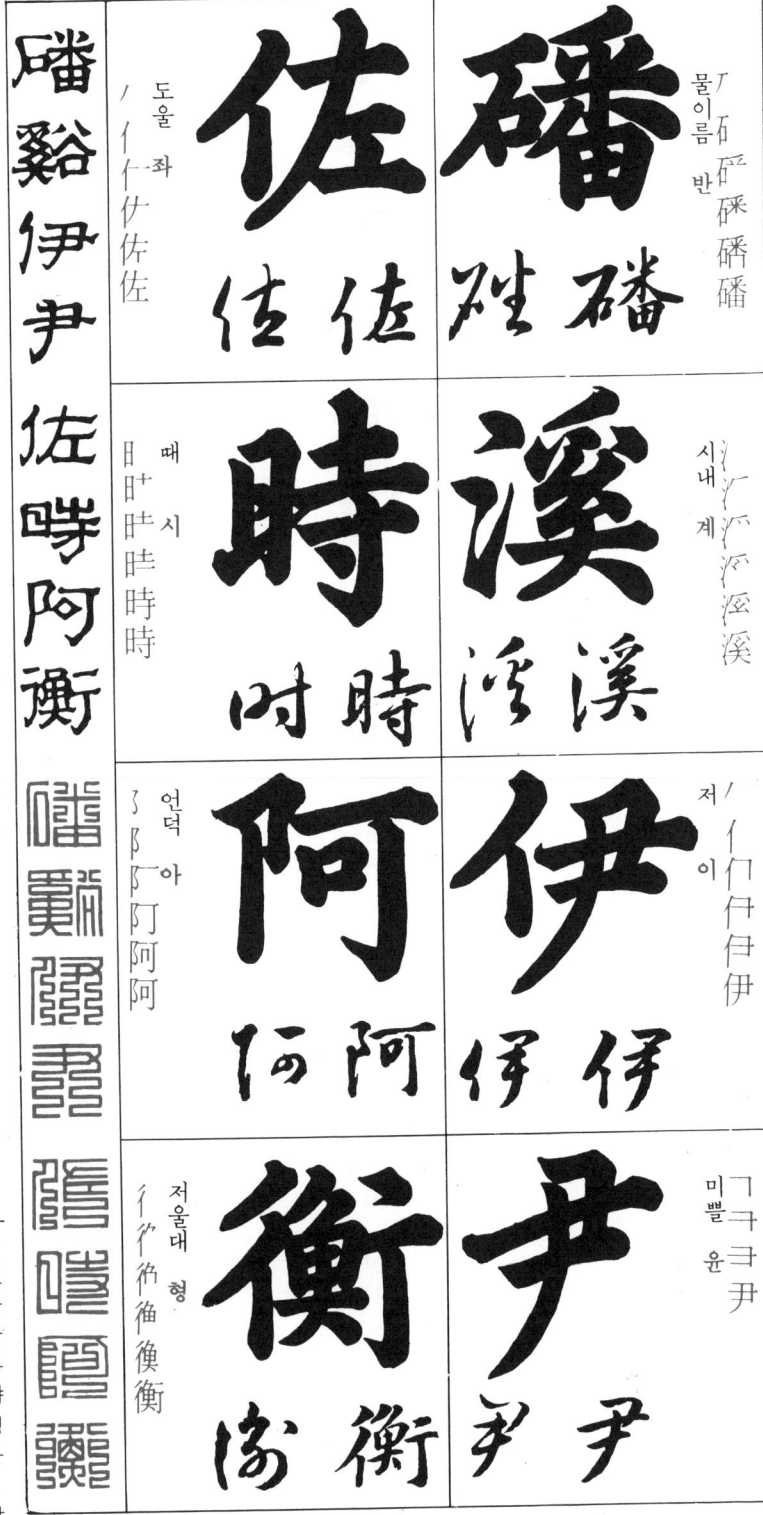

75

奄宅曲阜 엄댁곡부

「오랫동안 곡부에 살다」. 엄은 「오래도록」의 뜻이다. 택(宅)은 「거주하다」는 뜻이며 곡(曲)은 「외곡」이다. 부(阜)는 큰 언덕인 것이다. 곡부(曲阜)는 성왕(成王)이 주공에게 준 노나라의 도읍지다. 「성왕은 주공이 천하를 위해 일한 공로로 그를 곡부에 봉하니 지방이 700리요 수레가 1000승이었다. 주공이 죽은 뒤에도 노공에게 명하되 대대로 주공을 제사지내게 했다」고 한다.

微旦熟營 미단숙영

단(旦=周公)이 아니면 누가 이를 경영했으리오. 단은 여기서는 주공의 이름이다. 숙은 누구이랴 이며 영(營)은 다스린다는 뜻이다.

● 주공이 전자에게 봉지(封地)를 받아 노나라 도성인 곡부에 집을 지었다. 이것은 오직 주공이 어질었기 때문에 그런 성대한 집을 곡부에 지을 수 있었던 것이다. 이러한 주공은 주나라의 정치가로 문왕의 아들이며 무왕의 동생이다. 무왕을 도와 은나라를 멸망시켰으며 무왕이 죽자 성왕을 도와 주왕실의 기초를 튼튼히 했던 분이다.

奄 오랠 엄. 문득 엄.
宅 집 택.
曲 굽을 곡. 가락 곡.
阜 언덕 부.
微 작을 미. 천할 미.
旦 아침 단. 밝을 단.
熟 누구 숙. 익을 숙.
營 경영할 영. 꾀할 영.

76

桓公 환공

환의 자의는 이정표라 말할 수 있으나 여기서는 성(性)이다. 환공은 그 이름이 소백(小白)인데, 양공이 무도하므로 거로 달아났다가 양공이 피살되자 귀국하여 즉위하였다. 제후를 규합, 맹주(盟主)가 되어 5패의 영수가 되었다. 그 재위는 실로 42년의 긴 기간이었다.

匡合 광합

바로잡는 것이다. 광합은 「바로잡아 통일함」이다.

濟弱 제약

약자를 구한다. 환공은 아홉번이나 제후를 회합시켜 자기들의 맹약을 지키도록 종용하고 약한 제후를 구제하고 어지러운 천하를 바로잡았던 것이다.

扶傾 부경

부(扶)는 돕는 것이라 했고 경은 기울다의 뜻이다. 그러므로 기울어진 것을 돕는 것이 부경이다.

● 군영(群英)중에 관중이란 영걸을 얻어 환공이 일광천하(一匡天下)한 위업을 찬미한 글이다.

桓 굳셀 환. 머뭇거릴 환.
公 공평 공. 공정할 공.
匡 바를 광. 구원할 광.
合 합할 합. 모일 합.
濟 건질 제. 건널 제.
弱 약할 약. 젊을 약.
扶 도울 부. 붙들 부.
傾 기울 경.

양고심장약서(良賈深藏若虛) 훌륭한 대상인은 좋은 상품을 깊이 감추어 두어 점두(店頭)는 □ 빈것 같다는 것이 말의 뜻

77

綺回漢惠 기회한혜

기는 여기서는 상산 사호의 한 사람인 기리계를 가리킨다. 기리는 향명(鄕名)이고 계는 자이다. 그리고 한혜는 한나라 제2대 왕으로 시호가 혜(惠)이다. 그 혜제가 태자로서 폐위의 위기에 있을 때 기리계 등의 덕으로그 자리를 회복했다는 것이 「기회한혜」의 배경이다.

說感武丁 열감무정

설(說)은 여기에서는 설이 아닌 열(說)이다. 열은 부열을 가리킨 말인데 은나라 고종 때의 재상이다. 고종은 일찌기 꿈에 성인을 만나 부열을 얻었던 것이다. 이 글귀는 「부열은 무정을 감화시켰다」의 뜻이다.

● 한 고조는 여후(呂后)의 몸에서 난 아들, 혜제를 태자로 삼았으나 뒤에 척부인을 사랑한 나머지 그의 소생인 조왕 여의(趙王如意)로 태자를 바꾸려고 했다. 여후는 장량(張良)의 헌책대로 기리계・동원공・하황공・녹리선생 등, 상산사호의 조력을 얻어 한고조의 결심을 되돌려 혜제의 지위를 확보했던 것이다.

綺 비단 기. 무늬 기.
回 돌 회.
漢 한나라 한. 한수 한.
惠 은혜 혜. 베풀 혜.
說 기뻐할 열. 말씀 설.
感 감동할 감. 느낄 감.
武 굳셀 무. 호반 무.
丁 네째천간 정. 장정 정.

78

俊乂 준예

천 사람 중에 뛰어난 사람을
준이라 하고 백 사람중에 뛰
어난 사람이 예라 했다. 준예
는 훌륭한 사람을 이름이다.

密勿 밀물

찬찬하고 빈틈이 없다는 뜻
이다. 「밀물」은 힘써 일에 종
사하는 것과 같다 했으니 현
직 대신들의 힘써 일함을 말
한 것이다.

多士 다사

다수의 인재.

寔寧 식녕

참으로 편안하다.

● 「반계이윤」에서부터 본절까
지 왕실에 공로가 있는 명신
을 열거한 것이다.

이러한 준예들이 힘써 나라
에 정성을 다했으므로 나라
는 잘 다스려졌던 것이다.

俊 뛰어날 준. 높을 준.
乂 깎을 예. 다스릴 예.
密 꼼꼼할 밀. 빽빽할 밀.
勿 없을 물. 말 물.
多 많을 다.
士 선비 사. 벼슬 사.
寧 편안할 녕. 어찌 녕.

복수불반분 (覆水不返盆)주나라의
태공망, 여상이 젊었을 때 마
씨와 결혼하였는데 여상은 집
안 일은 돌보지 않고 책만 가
까이 하여 마씨는 도망친다.
후에 여상이 훌륭히 되자 마씨
가 다시 결합하려고 하자 그
는 이렇게 말한다. 「한번 엎
질러진 물은 다시 주워 담을
수가 없는 법, 한번 헤어진 자
는 다시 어울릴 수 없는 법이
야.」 즉 한번 헤어진 처는 다
시 합쳐질 수 없다는 뜻이나
일단 끝이 난 일은 되돌릴 수
없다로 쓰인다.

79

晋楚更霸 진초갱패

진나라와 초나라는 교대로 패자가 되었다.

趙魏困橫 조위곤횡

진(秦)나라에 지리적으로 가까운 조나라와 위나라는 연횡설(連橫説) 때문에 곤란을 제일 많이 겪었다.

● 제환공이 죽은 다음 해에 진문공과 초장왕이 교대로 패자로 제후를 견제하였으나 제·초·연·조·한·위의 6국은 진나라를 섬기라는 장의의 연횡설(連橫説)과, 그 반대로 소진이라는 세객(説客)의 소위 합종설(合從説) 때문에 6국은 갈팡질팡 하였다. 6국 중에서도 조나라와 위나라는 다른 어느 나라보다도 지리적으로 진나라와 싸우면 불리했기 때문에 곤란을 겪었다.

晋 진나라 진. 나아갈 진.
楚 초나라 초. 매초.
更 고칠 갱. 바꿀 경.
霸 두목 패.
趙 조나라 조. 성 조.
魏 나라이름 위.
困 곤할 곤.
橫 연횡 횡. 가로 횡.

칠신탄탄(漆身吞炭) 춘추말기의 어지러운 시대에 예양이란 자가 주가멸망후 원수를 갚으려고 조양자의 목숨을 노렸다. 예양은 상대가 자기를 알아보지 못하게 하기 위해 몸에 옻칠을 하여 문둥이가 되고 숯을 삼켜 벙어리가 되었는데 (몸에 옻칠을 하면 나병환자 같이 되고 숯을 삼키면 목소리가 나오지 않아 벙어리같이 된다) 거리에서 구걸을 하며 동정을 살펴 원수를 갚았다.

假途 가도

가(假)는 「가짜」다. 도(途)의 본의는 수명(水名)이나 후에 길로 변했다. 가도(假途)는 「길을 빌다」의 뜻이다.

滅虢 멸괵

멸은 다한다는 뜻이다. 괵나라는 주문왕의 아우인 괵중이 세운 나라인데 주평왕(周平王)의 동천시에서 괵으로 옮겼다가 진(晋)에게 망했다.

踐土 천토

천토는 지명인데 하남성에 있으며, 춘추시대에는 정나라 땅이었다.

會盟 회맹

제후가 모여서 맹약함.

● 진나라 헌공은 괵을 치고자 순식의 모책을 썼다. 구슬과 천하 명마를 우나라 임금에게 보내서 길을 빌었다. 진나라는 괵을 멸하고 회군하는 길에 우까지 멸해 버렸다. 또 진문공은 성박의 싸움에 초군을 이겨 주천자의 명으로 패자가 되어 모든 제후를 천토에 회합시켜 주나라 천자를 섬길 것을 제후에게 맹세케 했던 장본인이다.

진헌공(晋献公)은 순식의 계책을 채용하여 괵나라를 멸했고, 진문공(晋文公)은 제후를 천토대에 회합시켜 맹세하게 했다.

假 빌 가. 잠시 가.
途 길 도.
滅 멸망할 멸. 죽을 멸.
虢 나라이름 괵. 손톱자국 괵.
踐 밟을 천.
土 흙 토. 땅 토.
會 모을 회. 마침 회.
盟 맹세 맹.

何遵約法 하준약법

하(何)는 이름이요 성은 소인데 한고조(漢高祖)의 신하이다. 고조의 법률을 간략히 하려는 뜻을 「소하가 가장 잘 준봉했다는 것」이 「하준약법」의 뜻이다.

韓弊煩刑 한폐번형

한(韓)은 저 유명한 한비자(韓非子) 50여편을 저술한 한비를 가리킨다. 한비의 번거로운 형법은 해악이 많았다는 것이 「한폐번형」이다.

● 한비자(韓非子)는 전국말기의 한나라 공자(公子)인데 후세에 길이 남을 명실 상부한 엄벌주의의 형법을 만들었지만, 형벌이 지나치게 가혹하다 하여 민심의 배척을 받았던 것이다. 그러나 소하의 9장률(九章律)은 악법이었지만 백성에게 영합 되어 잘 준수되었다 한다. 법조문이 까다롭다고 해서 반드시 양법(良法)은 아니라는 뜻도 포함되어 있다.

소하는 악법(법률3장)을 준수했고, 한비(韓非)는 번거롭고 가혹한 형벌로 진시황을 권했다가 폐해를 가져오게 했다.

何 어찌 하.
遵 쫓을 준.
約 묶을 약. 맺을 약.
法 법 법. 본받을 법.
韓 한나라 한.
弊 해질 폐.
煩 번거로울 번. 바쁠 번.
刑 형벌 형. 법 형.

82

起翦頗牧 기전파목

　기 (起)는 백기(白起)를 가리
킨다. 그는 전국시대 진나라
사람인데 용병에 능하여 소
왕(昭王)에 의해　등용되어
많은 공을 세웠다.
　전은 진나라 빈양 사람이다.
시황으로부터 장군에 임명되
어 조(趙)·연·계 등 여러
곳을 평정하였다.
　파는 염파의 이름자다. 염파
는 전국시대에 조(趙)나라 명
장으로 혜문왕(惠文王) 때에
제나라를 쳐서 상경에　임명
되었으며 후일에 신평군에 봉
함을 받았다.
　목(牧)은 이목(李牧)을 가리
킨 것으로 전국시대의 조나
라 북녘의 양장(良將)이었다.
흉노를 정벌했고 진을 쳐, 공
을 세웠으나 진나라의 모략
에 걸려 조왕에 의해 처형되
었다.

用軍最精 용군최정

　군사를 지휘하고　작전함이
가장 교묘하고 정밀함.

●백기·왕전·염파·이목 등
은 무장으로서 그 용병술(用
兵術)이 뛰어났던 것을 찬양
한 글이다.

起 일어설 기. 다시 기.
翦 자를 전. 깎을 건.
頗 치우칠 파. 자못 파.
牧 목장 목. 기를 목.
用 쓸 용.
軍 군사 군.
最 가장 최. 모두 최.
精 날카로울 정. 정성스러울 정.

宣威 선위

선(宣)은 선포의 뜻으로 변하였다.

위(威)는 위엄이라는 뜻이다. 선위(宣威)는 「위세를 떨친다」의 뜻이다.

沙漠 사막

아득히 넓은 불모의 모래 벌판이 사막이다. 이 글에서 말하는 사막은 중국 북서부의 몽고와 신강성 쪽의 것을 가리킨다.

馳譽 치예

치는 빨리 달리다 라고 했다. 또 예(譽)는 명성을 말하는 것이다. 치예는 명성을 마치 말이 달리듯이 빨리 전하게 한다는 뜻이다.

丹青 단청

벽·기둥·천장 같은 데에 여러 가지 빛깔로 그림과 무늬를 그리는 깃인네 어기에서는 후세에 남기기 위해 인물과 그 공적을 그리게 한다는 뜻이다.

● 전문에서 말한 명장들은 전쟁에 이겨서 그 위력을 사막 끝까지에 떨쳤다. 그런데 한 나라의 선제(宣帝)는 열한 명의 공신을 기린각에 그리게 하고 후한의 명제(明帝)는 공신 32명을 그리게 하니 그들의 명성은 마치 말이 달리는 것같이 단청으로 새겨져 후세에 전했다는 뜻이다.

宣 베풀 선. 밝힐 선.
威 위엄 위. 세력 위.
沙 사막 사. 모래 사.
漠 사막 막. 넓을 막.
馳 달릴 치.
譽 명예 예. 기릴 예.
丹 붉을 단. 주사 단.
青 푸를 청.

84

九州 구주

하나라 우가 홍수를 다스리면서 다시 9주로 나누었다고 한다.

禹跡 우적

하나라 우임금의 공적의 자취. 우는 하나라를 창업한 성왕인데, 왕이 되기 전에 요·순 두 임금을 섬겨 홍수를 다스리는데 큰 공을 세웠다.

百郡秦幷 백군진병

진(秦)은 백익(伯益)의 후예의 봉국(封國)이라 했다. 주대(周代)의 제후의 나라로 함양에 도읍하여 감숙성·섬서성 등을 영유하였으며 진시황 때에 이르러 천하를 통일하였다. 「백군진병」은 「백군을 진나라가 합병했다」의 뜻이다.

九 아홉 구.
州 고을 주. 마을 주.
禹 임금 우.
跡 자취 적. 뒤밟을 적.
百 일백 백.
郡 고을 군.
秦 진나라 진.
幷 아우를 병.

─────

전전반측(輾轉反側) 밤새도록 이리 뒤척 저리 뒤척하며 고생하는 것으로 많이 사용되고 있다. 시경(詩經)의 국풍편 첫머리에 나오는 「관관저구」에 있는 말. 이 시(詩) 강가에 있는 저구라는 물새를 노래하다가 그 아름다운 자태로 요조한 처녀를 생각한다. 그윽한 모습의 아가씨를 사모하는 정을 읊으면서 그 생각이 간절해지자 전전반측하게 된다는 것이 이 시의 내용. 현대에는 남자의 연정으로만 밤을 지새우는 것을 의미하지는 않는다.

九州禹迹百郡秦幷

일백 백 一丁丆百百百	아홉 구 丿九 九 九
百 百	九 九

고을 주
丶丿丬州州州
州
州 州

임금 우
一丆百禺禹禹
禹
禺 禹

고을 군
フヨヨ尹君君郡
郡
郡 郡

자취 적
足足趵趵跡跡
跡
跡 跡

진나라 진
三丰丰夫秦秦秦
秦
素 秦

아우를 병
一ナ并并并
幷
并 并

嶽宗恒岱 악종항대

　악(嶽)은 오악(五嶽)의 총칭이다. 종(宗)은 존중하다라고 했다. 항(恒)은 오악 중의 북악을 가리킨 말이요 대는 대산, 즉 태산(泰山)을 지칭한 것이다. 따라서 「악종항대」는 산악으로는 항산과 대산을 조종(祖宗)으로 삼는다는 뜻이다.

禪主云亭 선주운정

　선(禪)은 하늘에 제사드리는 것이다라고 했고 주(主)는 촉대에 불이 타오른다고 했고, 운(云)은 여기서는 「운운산」을 가리킨 것이고 정(亭)은 「정정산」을 지칭한다. 즉 봉선(封禪)의 제사를 행할 때 운운산과 정정산을 가장 소중하게 여긴다는 뜻이다.

● 임금이 혁명을 일으킨 뒤에 천지(天地)에 고하는 제사를 드렸는데 그 장소로는 주로 청정한 명산을 택했다. 제왕(帝王)의 제사 장소로 지정된 전국의 명산을 소개한 것이다.

嶽 큰산 악.
宗 마루 종. 가묘 종.
恒 항구 항.
岱 대산 대.
禪 봉선 선. 선위할 선.
主 임금 주. 주인 주.
云 이를 운.
亭 정자 정. 주막집 정.

비방지목(誹謗之木) 제요도당씨는 자기의 정사가 혹 잘못이 있을까 해서 궁문 입구에 세운 북의 기둥을 말한다.

雁門 안문

　여기서 「안문」은 관명(關名)이다. 안문관의 위치는 산서성 서북방에 있다.

紫塞 자새

　만리장성(萬里長城)의 이명이 곧 자새인 것이다. 그곳의 흙빛이 자색이므로 만리장성을 가리켜 자새라 했다는 것이다.

鷄田 계전

　계전은 땅이름인데 계전주(鷄田州) 회락현(廻樂縣) 경계에 있다고 지리지에 기록되어 있다.

赤城 적성

　적성 역시 지명이다.

● 구주우적에서부터는 지세를 논한 글이다. 윗글은 단순히 중국 북쪽지방의 유명한 곳을 들어 소개한 것에 지나지 않는다. 다만 한 번더 그 글구를 새겨보면 「기러기 왕래하는 안문관」이 있는가 하면, 만리장성(자새)이 가로 놓였으며, 계전이라는 새 밖의 광막한 지역이 있는가 하면 옛날 치우(蚩尤)가 살던 적성도 있다.

雁 기러기 안.
門 문 문.
紫 자주빛 자.
塞 변방 새.
鷄 닭 계.
田 밭 전.
赤 붉을 적. 벌거벗을 적.
城 재 성.

방약무인(傍若無人) 사기의 자객전(刺客傳)에 나오는 말로 곁에 아무도 없는 것같이 남의 눈치도 생각지 않고 제멋대로 행동하는 것을 가리킨다.

87

昆池 곤지

곤(昆)은 같은 것이라고 했다. 지(池)는 땅을 파서 물을 괴게한 곳이다라고 했다. 그러나 여기에 말하는 「곤지」는 곤명지(昆明池)의 약칭으로 한무제(漢武帝)가 판 장안 서쪽에 위치한 못 이름이다.

碣石 갈석

갈석(碣石)은 산이름인데 무제기(漢書 武帝紀)에 동해가에 우뚝 솟아 있는 험산이라고 했다.

鉅野 거야

거(鉅)는 크게 군은 것이라고 했다. 야(野)는 교외이다. 산동성 거현 북방에 위치한 일명 거택이라 이름하는 택야(澤野)이다.

洞庭 동정

동정호. 호남성 경계에 위치한 중국 제일의 담수호의 이름이다.

●중국 본토에는 험산 대호(大湖) 거야(巨野)가 많은데 못으로는 곤지요 산으로는 갈석이요, 들로는 거야요 호수로는 동정호가 그 대표적인 것이다.

昆 형곤. 뒤곤.
池 못지. 해자지.
碣 비갈.
石 돌석.
鉅 클거.
野 들야.
洞 골동.
庭 뜰정.

曠遠 광원
　넓고 멀다. 광은 「넓다」의
　뜻이며 원은 아득하다라고
　했다.

綿邈 면막
　면은 길게 뻗치다. 막은 멀
　다라고 했다. 면막은 넓고
　아득히 보이는 모양이다.

巖岫 암수
　암은 돌산이고 수의 본의는
　산 구멍이다.

杳冥 묘명
　묘는 어두운 것이라고 했다.
　명은 그윽한 것이라고 했다.
　어둠침침하고 그윽한 것이
　곧 「묘명」이다.
●이 글 역시 구주(九州)의 광
　활한 지역을 과시하는 글이
　라 하겠다. 대체로 9주의
　안은 변새나 호수의 연못들
　이 널따랗게 멀리 계속되고
　있어서 끝이 없으며 산과 골
　짜기는 동굴과도 같아서 깊
　고 컴컴하다는 말이다. 「구
　주우적」에서 시작된 지리편
　은 여기에서 매듭을 지었다.

曠 빌광. 밝을 광.
遠 멀 원.
綿 솜 면.
邈 멀 막.
巖 바위 암.
岫 산굴 수. 산봉우리 수.
杳 어두울 묘. 깊을 묘.
冥 어두울 명. 저승 명.

──────────

배중사영(杯中蛇影) 의심을 품으
면 아무 것도 아닌 것에 신경
을 쓰게 된다는 것. 악광이 라
는 자가 친구가 찾아오지 않음
을 묻자 그 친구는 술을 마실
때 잔에 든 실뱀 술을 마셔 병
이 들었다고 했다. 이상 스레
생각한 광이 그릇을 가보니 활
의 뱀그림이 비친 것으로 그 말
을 들은 친구는 병이 나았다.

曠遠綿邈
巖岫杳冥

빌 광　旷眅眹曤曠

멀 원　土吉害袁袁遠

솜 면　糸糽綿綿綿

멀 막　豸豺貌貌邈邈

바위 암　山崖严崖崖崖嚴

산굴 수　山屵屵屵屵岫

어두울 묘　十木杏杳

어두울 명　冖冝冝冥冥

治本於農 치본어농

치(治)는 정치(政治)인 것이
다. 본(本)은 근본(根本)인
것이다.

어(於)는 곧 탄식할 때의 발
음인데 어조사다. 농(農)은
밭가는 사람이라고 했다. 그
러므로 치본어농(治本於農)
은 나라 다스리는 근본은 농
사에 터전을 둔다는 뜻이다.

務玆稼穡 무자가색

무(務)는 애써 일하는 것이
라 했고 자(玆)는 차(此)라
고 했다. 또 가(稼)는 심는
다는 뜻이며, 색(穡)은 거둬
들이는 것이다. 「무자가색」
은 이 농사에 힘쓴다는 뜻이
다.

● 관자(管子)의 목민편에 보면
곳간이 가득 차 있어야만 백
성들이 예절을 안다라고 했
다. 즉 의식이 족해아 네질
을 안다는 말이다. 의식이 족
하자면 생업에 힘쓰지 않고
서는 이루어질 수 없는 일이
다.

治 다스릴 치. 다듬을 치.
本 근본 본. 밑 본.
於 어조사 어.
農 농사 농. 농부 농.
務 힘쓸 무. 일 무.
玆 이 자. 검을 자.
稼 심을 가. 곡식 가.
穡 거둘 색. 추수 색.

자포자기(自暴自棄) 오늘날은 될
대로 되라는 뜻이나 원래는 맹
자의 이루상편에 나온 말로 자
기는 도저히 손이 닿지 못하는
것이고 자포는 입을 열면 예의
도덕을 비방하는 것을 말한다.
자포하고 자기하는 자하고는
함께 행동을 할 수 없음을 뜻
한다.

俶載 숙재

숙(俶)은 시작이라고 했고 재(載)는 일하는 것이다라고 했다. 따라서 「숙재」는 일을 시작한다는 뜻이다.

南畝 남묘

남쪽 밭두둑이 남묘이다. 여기서는 어디까지나 밭두둑을 가리킨다.

我藝黍稷 아예서직

아(我)는 나를 가리킨 것이고 예는 「심는다」의 뜻으로 풀이되고 있다.

「서직」은 기장이다. 그러나 연용(連用)할 대에는 「서」는 메기장, 「직」은 차기장인 것이다. 따라서 「아에서직」은 「나는 기장을 심는다」의 뜻이다.

●쌀·보리·조·콩과 함께 기장은 오곡의 하나이다. 한 집안의 경우나 한 나라의 치정(治政) 기본은 식량이다. 옛날에 중국에서는 서직을 오곡의 으뜸으로 꼽았던 것이다. 봄이면 남쪽 밭에서 일을 시작한다는 것이 윗 귀절이고 오곡의 으뜸인 서직을 심는다는 것이 아래 귀절이 되어 있다.

俶 비로소 숙. 처음 숙.
載 실을 재.
南 남녘 남.
畝 이랑 묘. 두둑 묘.
我 나 아.
藝 심을 예. 재주 예.
黍 기장 서.
稷 피 직.

税熟 세숙

세(税)는 「조세」를 말한다. 숙(熟)은 익다라고 했다. 그러므로 「세숙」은 익은 곡식에 과세한다는 뜻.

貢新 공신

공은 바치는 것이다라고 했다. 「공신」은 신곡을 헌상한다는 뜻.

勸賞 권상

권(勸)은 힘쓰다라고 했다. 상(賞)은 유공이라고 했다. 권상은 곧 「권면하여 상준다」는 뜻.

黜陟 출척

「출」은 관위를 떨어 뜨리다의 뜻이라 했다. 척은 오르다의 뜻이니 「출척」은 「유공자는 올리고 그렇지 못한 자는 내쫓다」는 뜻이다.

● 지배자가 있는 한 조세는 백성의 제일 큰 임무이다. 따라서 농사를 다스리는 자는 그 직분을 다하여 농사를 권면하여 잘 익은 신곡을 조세로 헌납케 하여야 한다. 공세의 의무를 다하면 통치자는 담당관에게 상을 주거나 관위를 올려 포상할 것이며, 그렇지 못할 때에는 담당관을 내쫓는 것이다.

税 구실 세. 거둘 세.
熟 익을 숙. 익히 숙.
貢 공물공. 바칠공.
新 새로울 신.
勸 권할 권. 가르칠 권.
賞 상줄 상. 완상할 상.
黜 떨어뜨릴 출.
陟 오를 척. 올릴 척.

孟軻 맹가
「맹」은 성인데 맹자를 가리킴. 「가」는 그의 이름. 공자 다음 가는 대현인.

敦素 돈소
돈(敦)은 「두텁다」는 뜻이며 소(素)는 「질박」의 뜻이다. 「돈소」는 하늘에서 받은 소성을 온전히 하려고 자기의 마음을 도탑게 기르는 것이다.

史魚 사어
사어는 춘추시대의 위나라 사람으로 강직한 사람이다.

秉直 병직
병(秉)은 「잡는다」의 뜻이고 직(直)은 「똑바로 본다」로 풀이 된다. 곧 「정직함을 견지한다」는 뜻이다.

● 가는 소성을 길렀다고 했다. 소성(素性)은 곧 하늘에서 받은 성선설(性善説)의 근원인 바탕이다.
또 「논어」위령공에 보면「곧도다, 사어(史魚)여! 나라에 정도(正道)가 행해져도 살대같이 곧았고, 나라에 정도가 행해져도 살대같이 곧았도다라고 했다.

孟 성 맹.
軻 높을 가. 굴대 가.
敦 도타울 돈.
素 바탕 소. 평상 소.
史 사관 사. 사기 사.
魚 고기 어.
秉 잡을 병. 자루 병.
直 곧을 직. 번들 직.

수청무대어 (水清無大魚) 공자가어(孔子家語) 「공자 말하기를 물이 지극히 맑으면 곧 고기가 없다. 사람이 지극히 살피(察)면 곧 리(徒)가 없다」는 말이 있다. 이 말에서 물이 맑으면 고기가 살지 않는다의 뜻.

庶幾 서기

서(庶)는 대중이라 했다. 기는 미소한 것이라 했다. 그러나 「서기」는 바란다는 희망의 뜻이다.

中庸 중용

중(中)은 과불급(過不及)이 없다는 뜻이고, 용(庸)은 불역(不易)이라고 했다. 「어느 쪽으로든지 치우침이 없는 중정(中正)」이다.

勞謙 노겸

힘써 일하며 겸손하다.

謹勅 근칙

삼가 경계하다.

● 항상 자기의 직무에 부지런하고 결코 남보다 자기가 잘났다고 거만하지 말아야 한다. 또 자기 분수에 맞추어 겸손하고 과실이 없도록 근신하여 아무 일에나 착실히 하도록 자기 몸을 경계하고 바로잡으려는 경구(警句)이다.

庶 **바라건대 서. 여러 서.**
幾 **바랄 기. 얼마 기.**
中 **중 중. 가운데 중.**
庸 **범상할 용. 어찌 용.**
勞 **수고할 로. 위로할 로.**
謙 **겸손할 겸.**
謹 **삼갈 근.**
勅 **삼갈 칙. 조서 칙.**

현양두매구육(懸羊頭賣狗肉) 이 말의 원형은 懸牛頭馬脯―점두(店頭)에 좋은 물건을 걸어 놓고 나쁜 물건을 판다―로, 간판에 거짓이 있다의 비유. 이것은 후한 광무제가 내린 조서(詔書) 속에 보이는 말 「양두를 걸어 놓고 마박을 팔고, 도척(盜跖)이 공자어를 행한다」가 그 출처로 가게 앞에는 양머리인데 실제는 말고기를 판다는 뜻.

聆音〔영음〕
　영(聆)은 듣는 것이라고 했다. 음(音)은 굳이 따지자면 음악의 소리이지만 사람의 말인 것이다. 즉 남의 말을 듣는다.」

察理 찰리
　찰(察)은 「자세히 살핀다」의 뜻. 이(理)는 이치이다. 따라서 찰리(察理)는 「이치를 자세히 살핀다」의 뜻이다.

鑑貌 감모
　감(鑑)은 거울이다. 모(貌)는 모양이니 모양을 거울에 비추다의 뜻.

辨色 변색
　변(辨)은 구별인 것이다. 색(色)은 안색이라 했으니 「안색을 구별한다」가 「감모」의 뜻이다.

● 일찌기 공자도 말하기를 「…대체로 통달했다는 것은 바탕이 곧고 의리를 좋아하며 말을 들어 살피고 기색을 보아 그 사람의 마음을 알고 또 생각해서 남의 아랫사람 노릇을 하는 것이다」라고 했다. 남과 사귈 때는 목소리와 용모와 안색을 소홀히 하지 말고 잘 살펴야 한다.
　남의 말을 듣고 그 의중의 이치를 살피며, 또 그 용모와 안색을 거울삼아 그 심중을 분별한다.

聆 들을 령. 깨달을 령.
音 소리 음. 소식 음.
察 살필 찰. 자세할 찰
理 도리 리. 다스릴 리.
鑑 거울 감. 볼 감.
貌 모양 모. 얼굴 모.
辨 나눌 변. 분별 변.
色 색 색. 빛 색.

95

貽厥嘉猷(이궐가유)

「이」는「남기다」의 뜻이다.
「궐」은 그것이라고 했다.
「가」는 아름다운 것이라 했다.
「유」는 계모(計謀)이다. 따라서「이궐가유」는「그 훌륭한 계모를 남긴다」의 뜻으로 풀이할 수 있다.

勉其祗植(면기지식)

「면」은 강한 것이라고 했다. 기(其)는「그」다.「지」는 경(敬)이라고 했고 식(植)은「심다」의 뜻이다. 따라서「면기지식」은 그 삼가하는 마음을 몸에 심기를 힘쓴다는 뜻이 된다.

● 사람이란 덕성을 기르고 착한 행동을 해서 몸을 삼가하여 조금도 해이하지 않으면 좋은 계책을 후세에 남길 수 있다는 글이다.
관리된 자는 평소에 과실이 없도록 근신하고 신분에 알맞는 실덕(實德)을 갖도록 힘써야 한다.

貽 줄 이. 끼칠 이.
厥 그 궐.
嘉 아름다울 가. 경사 가.
猷 꾀 유. 그릴 유.
勉 힘쓸 면. 권면할 면.
其 그 기. 어조사 기.
祗 공경할 지.
植 심을 식.

화룡점정(畫龍點晴) 사물의 안목(眼目)이 되는 곳이나 최후의 손질을 해서 매듭을 짓는 것을 말하는 것이지만 반대로 화룡점정을 결한다고 하면 전체로서는 잘되어 있으나 중요한 한 점이 부족하다는 말이 된다. 양나라 장승요가 그린 두마리의 용에 눈동자가 없어 이를 사람들이 성화를 대자 눈동자를 찍은 순간 용이 승천했다.

省躬 성궁

성(省)의 본의는 「미소한 것을 보는 것」이다. 궁(躬)은 「몸소」의 뜻이니 「친히 살핌」이 성궁의 뜻이다.

譏誡 기계

「기」는 남의 결점을 소근대는 말이다. 「기계」는 남이 하는 비방의 말을 들으면 스스로 경계하라는 뜻.

寵增 총증

「총」은 「사랑」의 뜻이다. 「증」은 「더하다」의 뜻이다. 「사랑이 더하다」의 뜻이 「총증」이다.

抗極 항극

항(抗)은 여기서는 「잘난 체한다」는 뜻이다. 극(極)은 「맨 위」이니 윗사람과 겨루게 된다는 뜻이다.

● 사람은 남의 비방하는 말로 자기의 몸을 깊이 살펴야 하고 총애가 더하면 오만해지기 쉬우니 평소에 삼가고 억제하여 잘못을 범하지 않아야 한다.

省 살필 성. 깨달을 성.
躬 몸소 궁. 몸 궁.
譏 나무랄 기. 책할 기.
誡 경계할 계.
寵 사랑할 총.
增 불을 증. 더욱 증.
抗 막을 항. 겨룰 항.
極 극처 극.

유도불습(遺道不拾) 전국시대 진에서는 공손앙이란 자가 법치주의를 주장하여 그 법의 엄함에 백성들이 겁을 먹었는데 이런 신법이 시행된지 10년 엄격한 법에 의해 모든 백성들이 철저해 길가에 떨어진 것을 줍는 자도 없었다. (遺道不拾) 고 한다.

殆辱 태욕

태(殆)는 위태로운 것이라고 했다. 또 욕(辱)은 수치라고 했다. 그러므로 위태로움과 수치로움이 곧 태욕이다.

近恥 근치

근(近)은 멀지 않은 것이라고 했다. 치(恥)는 욕이라고 했다, 따라서 치욕에 가깝다는 뜻이다.

林皋 임고

임(林)은 평탄한 땅에 우거진 나무 숲을 말한 것이다. 고는 「늪」으로 풀이된다. 소택이 있는 숲이 「임고」이다.

幸即 행즉

즉시 가는 것이 바람직하다. 행은 길(吉)이며 흉을 면한 것이라고 했다. 즉(即)은 「곧」의 뜻이다.

● 대체로 몸이 귀한 지위에 이르게 되면 웃사람에게는 혐의를 받는 수가 많고 아랫사람에게는 미움을 받는 경우가 많다. 그리하여 조그마한 실수에도 금시에 치욕을 받기 쉽다. 그러니 시기를 보아 자리를 내놓고 물가로 가서 한가한 몸이 되도록 하라는 말이다.

殆 위태할 태. 거의 태.
辱 욕보일 욕. 욕되게할 욕.
近 가까울 근.
恥 부끄럼 치.
林 수풀 림. 많을 림.
皋 늪 고. 느릴 고.
幸 거동 행. 다행 행.
即 곧 즉.

기호지세(騎虎之勢) 수(隨) 나라 고조문제(高祖文帝)의 황후인 독고황후가 남편이 북주의 천하를 뺏기 위해 궁중에 있을 때 이른 말.

수풀 림 十才木朴林	위태로울 태 厂歹歹殆殆
늪 고 厂门白皀皋皋	욕보일 욕 厂尸辰辰辱辱
거동 행 土卉立立幸	가까울 근 厂斤斤近近
곧 즉 丨目皀皀即	부끄럼 치 丁厂丆耳耻恥

兩疏 양소

한나라 성제(成帝) 때 태자의 태부였던 소광(疏廣)과 소수(疏受)를 「양소」라 한다.

見機 견기

기회를 보다.

解組 해조

조(組)는 인끈「해조」는 인끈을 풀다. 중국제도에 관직에 임명될 때에는 그 벼슬의 이름을 새긴 도장을 주었었다. 그러므로 인끈을 푼다는 것은 인을 도로 관청에 돌려준다는 뜻.

誰逼 수핍

「누가 막을 것이랴」의 뜻.

● 두 소씨가 이천석의 봉록을 마다하고 해조하는 데야 누가 감히 기미를 선견(先見)하는 이들 현자의 처사를 왈가왈부하겠는가 ? 유사(有司)에 몸을 담은 자의 진퇴시기를 경계한 금언인데, 두 소씨는 고향에 돌아오자 그간에 모은 돈을 모조리 일가친지에게 나눠주고 유유자적하면서 복된 여생을 보냈다고 한다.

兩 두 량. 짝 량.
疏 트일 소. 멀 소.
見 볼 견. 보일 현.
機 때 기. 틀 기.
解 풀 해. 가를 해.
組 끈 조. 짤 조.
誰 누구 수.
逼 핍박할 핍. 닥칠 핍.

백미(白眉) 유비가 마량을 칭찬할 때 쓰인 말로「마씨의 오상이 다 좋은데 흰 눈썹이 가장 뛰어나다」고 했다. 마량은 날 때부터 눈썹에 흰털이 나서 이후부터는 뛰어난 자.

索居 색거
색(索)은 한산의 뜻이다. 거
(居)는 웅크리고 있다는 뜻
이다. 색거는 조용함을 구하
여 남과 떨어져 지내다.

閑處 한처
한(閑)은 한가하다는 뜻이다.
처(處)는 곳이니 한처(閑處)
는「한가한 곳」이다.

沈默 침묵
침(沈)은「잠긴다」의 뜻. 묵
(默)은 곧 말없음을 의미한
것이다.

寂寥 적료
적(寂)은 사람의 소리조차
없이 고요하다는 뜻이다. 요
(寥)는 공허라고 했는데 곧 적
(寂)을 의미한다.「적료」는
고요하고 쓸쓸하다는 뜻이다.

● 후한서 풍연전 현지부에 이
름과 몸의 어느 것이 더 소
중한가에 대해 다음과 같이
단을 내렸다.「덕과 도가운
데 어느 것이 더 보배스러운
가. 이름과 자기 몸의 어느
편이 더 나와 친한가. 산골
짜기를 찾아 한가히 살고 적
막한 것을 지켜 정신을 기를
지어다」라고 했다.

索 찾을 색. 끈 삭.
居 살 거. 곳 거.
閑 한가할 한. 마구깐 한.
處 곳 처.
沈 가라앉을 침. 빠질 침.
默 잠잠할 묵.
寂 고요할 적.
寥 쓸쓸할 료.

양약고구(良藥苦口) 공자 가어(孔
子家語)에 공자가 한 말로「양
약은 입에 쓰나 병에 이롭고, 충
언은 귀에 거슬리나 행실에 이
롭다」고 했다. 남에게 충고를
할 경우에 쓰인다.

찾을 색
十 扌 索 索 索

가라앉을 침
氵 氵 氵 沈

살 거
尸 尸 居 居

잠잠할 묵
口 罒 黑 黙 黙

한가할 한
尸 門 門 閒 閑

고요할 적
宀 宀 宇 宋 寂 寂

곳 처
广 虍 虏 虎 處 處

쓸쓸할 료
宀 宀 宀 寥 寥

100

求古 구고

구함은 찾음이라 하였고 그리고 고(古)는 고(故)를 말한다고 했다. 따라서 구고는 옛것을 구한다는 뜻.

尋論 심론

심(尋)의 본의는 사리를 추역하여 다스린다는 뜻이다. 논(論)은 지극히 마땅한 도리를 말하는 이론인 것이다. 심론은 고대 현인이 의논한 사적을 심구함이다.

散慮 산려

산(散)은 방(放)이라 말했고 여(慮)는 사려이니 「답답한 마음을 흩어버리다」가 산려의 뜻이다.

逍遙 소요

소(逍)·요(遙)는 다같이 노닐다로 풀이하고 있다.

● 세상사를 떠난 사람은 속된 욕심이 있을 수 없다. 다만 침묵을 낙으로 삼되 옛사람의 뜻을 책 속에서 구한다. 「논어」에 보면 공자가 말하기를 나는 나면서부터 알고 있는 사람이 아니라, 옛 일을 좋아해서 재빨리 그것을 구한 자라고 했다.

求 구할 구. 빌 구.
古 예 고. 선조 고.
尋 찾을 심. 물을 심.
論 논할 론. 말할 론.
散 헤어질 산. 흩어질 산.
慮 생각할 려. 근심 려.
逍 거닐 소.
遙 거닐 요. 멀 요.

곡학아세(曲學阿世) 전한때 원고생이 공손홍에게 이른 말. 결코 자기가 믿는 학설(學説)을 구부려(曲) 세상의 속물들에게 아부하지 말것을 당부한 데에서 유래.

求古尋論散慮逍遙

헤어질 산
卄卅昔昔散

생각할 려
广户虍庸慮慮

거닐 소
辶小竹肖消逍

거닐 요
夕夕旡畬遙遙

구할 구
一十才求求求

예 고
一十十古古

찾을 심
フ⼶彐⼹尋尋

논할 론
⼀言訟論論論

101

欣奏 흔주

흔(欣)은 웃으며 기뻐하는 것이다. 집합(集合)의 뜻으로 풀이하였다. 따라서 「흔주」는 기쁨이 모여든다는 뜻.

累遣 누견

누(累)는 일이 얽혀서 귀찮은 것이라고 했다. 견(遣)은 「보내버리다」의 뜻이다. 따라서 「누견」은 「귀찮은 일은 보내 버린다」의 뜻.

慼謝 척사

척(慼)은 우려의 뜻이며 사(謝)는 사퇴로 되어 있다. 따라서 「근심은 사라진다」의 뜻이다.

歡招 환초

환(歡)은 기쁨이라고 했다. 초(招)는 손으로 부른다고 했으니 「환초」는 기쁨을 불러들임이다.

● 은사(隱士)는 세상사에 구애되지 않는 사람이다. 모든 번루(煩累)를 잊어버리고 유유자적하니 즐거운 정은 모여들고 슬픈 마음은 없어져 초탈한 경지에 도달하는 것이다.

欣 기뻐할 흔.
奏 아뢸 주.
累 누루.
遣 보낼 견. 버릴 견.
慼 근심할 척.
謝 물러갈 사. 끊을 사.
歡 기뻐할 환. 기쁠 환.
招 부를 초. 묶을 초.

화서지몽 (華胥之夢) 황제(黃帝)가 낮잠을 자다 화서씨 (華胥氏)의 나라에 가서 느낀 이야기. 「도의 극치란 아무리 잔재주를 부려도 얻어지는 것이 아니라는 도(道)를 터득하였다」는 내용으로 그후 천하를 잘 다스렸다.

欣奏累遣 慼謝歡招

근심할 척 厂床戚戚戚慼	기뻐할 흔 厂斤斤欣欣欣
물러갈 사 言訃訃訃訃謝謝	아뢸 주 三夫夫奏奏奏
기뻐할 환 卝苩雚雚雚歡	누루 厂刊田甲畏累累
부를 초 扌扌扚招招招	보낼 견 口虫曽貴貴遣

渠荷 거하

「자전(字典)」에는 거(渠)는 연꽃 이름이라고 했다. 그러나 여기서는 개천으로 풀이해도 무관할 것이다. 하(荷)는 연 잎이나 보통때는 다만 연이라는 뜻으로만 쓴다.

的歷 적력

고운 모양. 선명한 모양. 적(的)은 명(明)이라고 했다. 역(歷)은 적과 같이 밝다는 뜻이니 선명함을 가리킨 말이다.

園莽 원망

동산 안의 무성한 잡초.

抽條 추조

가지를 빼냄. 추(抽)는 인(引)이라고 했다. 조(條)는 작은 가지라고 했다.

● 앞의 글인「색거한처」를 받아 유서원중의 수륙(水陸)의 경치를 서술한 것이다. 은자(隱者)가 사는 곳의 한아한 풍경을 말한 글이다. 연잎의 선명함과 무성한 초목의 가지를 스치는 미풍(微風)소리가 귀에 들리는듯 하다.

渠 도랑 거. 클 거.
荷 연 하. 멜 하.
的 밝을 적. 과녁 적.
歷 지낼 력.
園 동산 원.
莽 풀 망. 멀 망.
抽 뺄 추. 거둘 추.
條 가지 조. 법규 조.

남가일몽(南柯一夢) 당나라 제9대 덕종때 순우분이란 사나이가 남쪽으로 뻗은 큰 가지 아래에서 꾼 꿈에서 유래. 꿈에서 영화로움을 다하고, 이 세상의 실상을 알게 된다는 줄거리로 이문집에 실려있다.

枇杷 비파

본초(本草) 비파에 「그 잎이 비파와 유사하므로 이름지어진 것이다」라고 했다. 따라서 악기의 비파도 일명 비파(枇杷)라 한다.

晚翠 만취

초목이 겨울철에도 녹색을 변치 않는다는 뜻. 불변(不變) 절조에 비할 때도 있음.

梧桐 오동

오동은 절개있는 고상한 나무로 유명하다.

早凋 조조

일찍 시들다. 오동은 초가을에 일찍 잎이 떨어진다.

● 비파나무는 겨울이 되어도 잎새가 마르지 않는 상록수다. 또 절개있는 나무로 알려진 오동나무는 봉황(鳳凰)과 병칭(並稱)되기는 하지만 일씨기 시들어 떨어지고 만다.

이 절은 은자(隱者)가 한거하여 즐기는 자연풍경을 묘사하다가 높은 절개와 인연이 깊은 비파나무와 오동나무에 언급한 것이다.

枇 비파나무 비. 참빗 비.
杷 비파나무 파.
晚 늦을 만. 저물 만.
翠 물총새 취. 비취색 취.
梧 벽오동나무 오. 허울찰 오.
桐 오동나무 동. 거문고 동.
早 일찍 조. 이를 조.
凋 시들 조.

한단지몽(邯鄲之夢) 당나라 심기제의 소설 「침중기(枕中記)의 줄거리로 여옹이란 도사가 한단이란 여관에서 쉬고 있을 때 젊은이가 찾아와 고생을 불평하다가 잠이 들어 꿈에서 인생살이를 깨달았다는 것.

陳根 진근

진(陳)은 「낡다」의 뜻이다. 근(根)은 목주(木株)라고 했다. 그러니까 「진근」은 오래 된 나무뿌리라는 뜻이다.

委翳 위예

저절로 마르도록 내버려 졌다는 뜻. 위(委)는 맡기다. 「예」는 문드러지다의 뜻.

落葉 낙엽

나무잎이 말라서 떨어지다.

飄颻 표요

「문선」촉도부에 보면 「떨어지는 꽃이 바람에 휘날리다」라고 했다. 표요는 「휘날린다」의 뜻.

● 원림(園林) 풍경의 적료함을 나타낸 글이다. 여름에 무성했던 수목의 잎이 떨어진 앙상한 모습의 추동(秋冬) 의 풍경이 눈에 선하다.

「거하적력」에서 시작되는 자연 풍경의 묘사는, 처음에는 연꽃의 선명함을, 다음에는 「만취」와 「조조」의 대조를 그리고 이 절에서는 「진근」 「낙엽」의 황량함을, 순서를 따라 잘 그려 나갔다.

陳 묵을 진.
根 뿌리 근. 근본 근.
委 맡길 위. 버릴 위.
翳 말라죽을 예.
落 떨어질 락.
葉 잎 엽. 대 엽.
颻 나부낄 표. 질풍 표.
飆 흔들릴 요. 날아오를 요.

차호위호(借虎威狐) 여우가 호랑이의 위엄을 빈다는 것이 차호위호란 말의 시초가 되었으나 후에는 소인이 권력을 얻어 뽐내는 것, 또는 그 소인을 가리킨다.

105

遊鵾獨運 유곤독운

　높이 나는 곤새는 홀로 운
　회한다. 유(遊)는 즐겁게 노
　니는 것.

凌摩 능마

　능가마천(凌駕摩天)의 약어
　로 업신여긴다의 뜻.

絳霄 강소

　진홍빛의 대공(大空).「강」
　은 진홍빛이고「소」는 청천
　「青天)이다.

●날이 밝아 이른 아침이 되면
　동쪽 하늘에 아침해가 솟아
　오르려고 할 때 곤새가 마음
　대로 날개를 펴고 하늘을 높
　이 날아 기분좋게 운회하는
　광경을 말한 것이다. 본절의
　내용 풀이를 회남자의
　인간훈(人間訓)에 보면「대
　체로 홍곡은 알에서 까기 전
　에는 한 손가락으로 비벼도
　아무 형체도 없이 방가신다.
　그러나 힘줄과 뼈가 생기고
　깃이 돋아나게 되면 날개를
　펴고 마음대로 하늘을 날고
　등으로는 청천을 지고 가슴
　으로는 적소(赤霄)를 어루만
　져 하늘 위를 훨훨 날아 무
　지개 사이를 노닌다」고 했다.
　새짐승의 즐겨노는 모습을
　그린 것이다.

遊 놀 유. 유새할 유.
鵾 곤계 곤.
獨 홀로 독.
運 돌 운. 움직일 운.
凌 건널 릉. 범할 릉.
摩 비빌 마. 갈 마.
絳 진홍 강.
霄 하늘 소. 구름기 소.

耽讀 탐독

「탐」은 지나치게 즐기는 것을 말한다. 지나치게 즐겨 읽는 것이 「탐독」이다.

翫市 완시

「완」은 「싫도록 익히다」의 뜻이다. 그러므로 완시(翫市)는 저자의 책가게에서 책을 완상한다. 「후한서」왕충전에 보면 「왕충은 책을 광범하게 읽기를 좋아했으나 글구 맞추는 법을 지키지 않았다. 집이 가난하여 책을 살 수 없었으므로 항상 낙양에 있는 저자에 가서 파는 책을 읽었는데 한 번 보면 금시에 외었다」고 했다.

● 이 절은 사람은 글읽기를 좋아해야 한다는 것을 강조한 것이다. 글이란 참으로 지혜와 덕을 주는 보고이며, 독서는 그 보고에 들어설 수 있는 열쇠이다. 그러나 책이란 옛날처럼 성현의 책만이 아니어서 자칫 그 선택을 잘못하면 불행의 길잡이가 되는 수도 있으니 책의 선택을 신중히 해야 한다.

耽 빠질 탐.
讀 읽을 독. 셀 독.
翫 탐할 완. 장난할 완.
市 저자 시. 장사 시.
寓 붙일 우.
目 눈 목. 요목 목.
囊 주머니 낭.
箱 상자 상.

하면목견지(何面目見之) 한고조 5년 항우가 사면초가를 듣고 패함을 알자 마지막으로 그의 땅 강동으로 배를 대려다「무슨 면목으로 이를 대하겠는가」하며 스스로 자결을 하였다는 데서 유래.

易輶 이유

이(易)는 경(輕)이라고 했고, 「유」역시 경(輕)이라고 했다. 곧 가볍고 가벼움이 「이유」이다.

攸畏 유외

두려워할 바.

屬耳 속이

귀를 붙이다.

垣牆 원장

담장. 「속이언장」은 「군자는 말을 쉽게 해서 안 될 것이니 남의 귀가 담에 붙어 있다」는 데서 나온 말이다.

● 모든 사물을 경솔히 여기고 업신여겨 삼가하지 않는다는 것은 사람으로서 경계해야 할 일이다. 그러므로 남의 귀는 언제나 담벽에 붙어 있는 것이다. 알고 경솔한 말을 해서 남의 신상을 헐뜯거나 비방하지 말아야 한다는 말이다.

이절 역시 유교 도덕의 행동의 표준을 강조한 글이다.

易 쉬울 이. 바꿀 역.
輶 가벼울 유. 수레 유.
攸 바 유. 곳 유.
畏 두려워할 외.
屬 살붙이 속.
耳 귀 이.
垣 담 원. 별이름 원.
牆 담 장.

등용문(登龍門) 속되게 말하면 모든 출세 가도의 실마리를 잡는 것이 등용문이다. 중국에서는 특히 진사(進士) 시험에 합격하는 것이 입신 출세의 제일보라는 뜻에서 등용문이라 불렀다. 그리고 등용문의 반대어로 「점액(點額)」이란 것이 있는데 즉 출세 경쟁의 패배자를 이름한다.

易輶攸畏屬耳垣牆

ㄇ日尸 易易易
쉬울 이

ㄷ車 輶輶輶輶
가벼울 유

丨亻 攸攸攸攸
바 유

ㄇ田 畏畏畏畏
두려워할 외

尸尸屬屬屬
무리 속

一丁丁丁耳
귀 이

十士垣垣垣
담 원

十圹墙墙墙
담 장

108

具膳 구선

구(具)는 갖춘다. 선(膳)은 먹을 것을 갖춘 것이라고 했다. 또 선(膳)이란 아름다운 음식이라고 했다. 「구선」은 곧 잘 요리한 음식을 갖춘 것이다.

飱飯 손반

식사하다.

適口 적구

입에 맞는다.

充腸 충장

창자를 채운다.

● 본절에서 군자는 음식에 있어서 담백에 만족하는 것이므로 미식(美食)이나 다식(多食)을 삼가야 하는 것을 논하였다. 자손이 귀한 집이나 부자집 자녀들이 편식을 하거나 음식에 영합한 나머지 심신이 허약해진 예를 많이 본다.

具 갖출 구. 그릇 구.
膳 찬 선. 올릴 선.
飱 밥 손. 지을 손.
飯 밥 반. 먹을 반.
適 맞을 적. 갈 적.
口 입 구. 아가리 구.
充 찰 충. 덮을 충.
腸 창자 장.

사해형제(四海兄弟) 사해동포(四海同胞)라고도 한다. 공자의 제자 사마우(司馬牛)에게는 환퇴라는 형이 있었는데 그는 악당으로 공자를 죽이려고 하였다. 그에 사마우는 「나만이 형제를 잃고 독신이다」라고 슬퍼하자 자하는 이렇게 말했다. 「모든 것은 천명으로 군자는 공경해서 잃지 않고 남에게 공손히 해서 예가 있으면 사해가 다 형제다. 그러므로 군자는 형제 없는 것을 슬퍼하지 않는다」

具膳飱飯適口充腸

그릇 구 具
ㅣ冂冃目且具
具 具

찬 선 膳
胖胖膳膳膳
膳 膳

밥 손 飱
氵汄汵飱飱飱
飱

밥 반 飯
飠食飣飯飯
飯 飯

맞을 적 適
啇啇啇適
適 適

입구 구 口
ㅣ冂口
口 口

찰 충 充
亠亡去充
充 充

창자 장 腸
月月胛胿腸
腸 腸

109

飽飫 포어

포(飽)는 배부르다의 뜻이다. 어(飫)는 「실증나다」의 뜻으로 풀이한다.

烹宰 팽재

「팽」은 자(煮)라고 했다. 재란 여러 가지 음식의 맛을 맞추는 것을 말한다. 이것으로 미루어 「팽재」는 음식을 맛있게 요리한다는 뜻이다.

饑厭糟糠 기염조강

「조강」은 재강과 겨. 「기염조강」은 주렸을 때는 재강이나 쌀겨 같은 변변치 못한 음식이라도 스스로 만족하게 생각하여 먹는다는 뜻이다.

● 배가 찼을 때는 사치스러운 음식도 싫증이 나는 법이고 굶주렸을 때는 술찌끼와 겨 같은 조식으로도 만족하게 생각한다는 뜻이다.

飽 배부를 포.
飫 실컷먹을 어.
烹 삶을 팽.
宰 고기저밀 재. 재상 재.
饑 주릴 기. 흉년들 기.
厭 싫어할 염. 만족할 염.
糟 지게미 조. 막걸리 조.
糠 겨 강.

부마(俯馬) 신도탁이라는 사람이 있었다. 그는 한 저택에서 음식을 청했다. 식사가 끝나자 여주인이 말했다. 「저는 진나라 민왕(閔王)의 딸로서 남편과 헤어져 있습니다. 나와 부부가 되어 주십시요」 신도탁은 인연을 맺고 사흘을 지냈다「이별은 슬프지만 떠나 주십시요」 여주인은 금베개를 주었다. 저택을 나와서 보니 무덤이었다. 무덤을 조사한 주 정교한 흔적이 역역했다. 그래서 진의 황비(皇妃)는 신도탁에게 부마도위의 벼슬을 주었다.

親戚 친척

　아버지의 집안이 친(親), 어머니의 집안이 척(戚)이다. 친은 족내(族內)를 가리킨 것이고 척은 족외(族外)를 말한 것이다.

故舊 고구

　오랜 친구.

老少 노소

　늙은이와 젊은이. 진서(晋書) 「식화지」에 노(老)는 60세 이상이고 소(少)는 12세 이하라고 하였다.

異糧 이량

　식량을 달리한다.

●부자와 형제간에도 예의를 바로해야 하며 또 친척 구지간에도 그러하려니와, 늙은이와 젊은이 간에도 그 음식이 달라야 한다. 즉 노인에게는 연하고 자양이 많은 음식을 바치는 등 식사에 있어서 노소를 구별할 줄 알아야 한다.

親 겨레 친. 친할 친.
戚 계레 척. 슬퍼할 척.
故 옛벗 고. 예 고.
舊 친구 구. 예 구.
老 늙을 로. 어른 로.
少 젊을 소. 적을 소.
異 다를 이. 괴이할 이.
糧 양식 량.

경국지색(傾国之色) 경국의 본디 뜻은 나라를 위태롭게 하다인데 고조(高祖)가 항우에게 「후공이 있는 곳은 그 변설로 나라를 기울게도 할 수 있다」고 하였다. 따라서 이연년의 노래도 경국 자체에 미인이란 뜻을 지닌 것은 아니지만 이백·백거이의 시에는 완전히 미인의 뜻으로 쓰이고 있다. 또한 「경성(傾城)도 일고(一顧)하면 성을 기울게 하고」에서 나온 것.

111

妾御 첩어

첩실과 시녀. 첩은 맞아오지
않는데도 와서 군자를 섬
기는 여자이며, 어(御)는 시
녀를 의미하지만, 처(妻)를
가리키는 글자이기도 하다.

績紡 적방

길쌈을 한다.

侍巾 시건

처첩이 남편의 좌우에서 수
건이나 빗을 들고 겉모양을
갖추어 주는 것이다.

帷房 유방

휘장을 느린 방, 즉 안방이
다. 「유방」은 방이나 또는
창문에 치는 휘장이다.

● 첩어는 꼭 첩실만이 아니고
정처(正妻)도 포함되어 있을
것으로 짐작된다.
「첩어적방」하고 「시건유방」
하니라의 글은 남편이 벌어
다 준 것만으로 편안함을 구
하지 않는 애정이 담긴 처첩
의 성실과 근면성을 말한 글
이다.

妾 시비 첩. 첩 첩.
御 모실 어. 어거할 어.
績 길쌈 적. 공 적.
紡 길쌈 방.
侍 모실 시. 기를 시.
巾 헝겊 건. 수건 건.
帷 휘장 유.
房 집 방. 곁방 방.

일엽락천하지추(一葉落天下知秋)

작은 것을 가지고 큰 것을 밝
히는 것이다. 남비 안에서 요리
되는 음식의 맛은 한조각만 먹
어 보아도 알 수 있고, 오동잎
하나 떨어지는 것을 보면 가을
이 깊어짐을 알고 독안의 물이
얼어 있는 것을 보면 온 세상
이 추워진 것을 알 수 있다는
것을 비유한 말.

112

紈扇 환선
　흰 비단으로 만든 부채.
圓潔 원결
　둥글고 깨끗하다.
銀燭 은촉
　밝게 빛나는 등불. 금을 「백
　번 녹이면 그 빛이 은색으로
　바뀐다. 이것이 즉 은촉이니
　라」고 했다.
煒煌 위장
　밝게 빛나는 모양.
●방안의 장식품인데 품위에
　넘치는 부채와 휘황한 은촉
　이 있음을 과시하는 글이다.
紈 흰깁 환.
扇 부채 선.
圓 둥글 원. 원 원.
潔 깨끗할 결.
銀 은 은. 은빛 은.
燭 초 촉. 촛불 촉.
煒 빛날 위. 빨갈 위.
煌 빛날 황.

노마지지 (老馬之智) 뭐든지 안다
고 제아무리 잘난체 해도 그 지
혜가 노마나 개미만도 못한 때
가 있는 법, 즉 아무리 하찮은
인간이라도 사람은 각각 장점
과 특징을 가지고 있다는 말이
된다. 춘추시대에 관중이 소국
을 토벌하고 돌아오다가 산골
짜기에서 길을 잃었다. 지독한
추위 속에서 우왕좌왕하다 늙
은 말을 풀어 마침내 제길을
찾아 무사히 행군하였다. 또
험한 산속에서 전군은 휴대하
고 있던 물을 다 마셔버렸는데
가도 가도 샘은 나타나지 않았
다. 더 이상 군사들이 전진할
수 없을 때 습붕이란 자가 개
미는 여름엔 북쪽에 집을 짓는
데 한치의 개미집이 있으면 그
아래 팔척이 되는 곳에 물이
있다고 하여 그들은 계속 행군
할 수 있었다.

畫眠 주면

　낮잠 자다.

夕寐 석매

　저녁에 자다.

藍筍 남순

　쪽빛과 같이 푸른 대쪽을 엮
　어서 만든 자리를 말한 것.

象牀 상상

　상아로 장식한 침상. 상(牀)
　은 위는 책상과 같고 아래는
　다리가 있어 앉을 수도 있고
　누울 수도 있도록 만든 것이
　다.

● 낮에는 낮잠을 자고 밤에는
　밤대로 자되, 남순과 상상에
　서 잔다. 취생몽사(醉生夢死)
　를 생각게 하는 한가한 태평
　성대를 노래한 글이다.

畫 낮 주.

眠 잘 면. 쉴 면.

夕 저녁 석.

寐 잘 매.

藍 쪽 남.

筍 댓순 순. 가마 순.

象 코끼리 상. 상아 상.

牀 평상 상. 마루 상.

호접지몽(胡蝶之夢) 송나라 사람
　장자가 설한 제물론(齊物輪)의
　일문(一文). ─언제였는지 나
　는 깜박 잠든 꿈 속에서 나비
　가 되었다. 훨훨 날개에 맡겨
　허공을 날으는 즐거움, 나는
　내가 나라는 것도 잊고 그즐거
　움에 정신이 없었다. 무심코
　눈을 떴다. 나는 역시 현실의
　나다. 하나─이 세상에 있는
　내가 꿈 속에서 저 나비가 된
　것일까? 훨훨 날고 있던 나비
　가 꿈 속에서 내가 된 것일까?
　내가 나비인지 나비가 나인지,
　꿈이 현실인지 현실이 꿈인지…
　도(道)의 세계인 고처(高處)에
　서 진정한 현세의 긍정 자유
　(自由)에 산 옛사람이다.

114

絃歌 현가

현악기와 어울려서 하는 노래. 여기에서 「현」은 거문고의 줄을 말하며 거문고 따위와 어울려서 하는 노래가 현가이다.

酒讌 주연

「연」은 잔치, 곧 주연(酒宴)을 말한다.

接杯 접배

잔을 주기도 하고 받기도 한다는 말.

擧觴 거상

상(觴)은 술잔, 거상은 술잔을 들다.

●본절은 연회 음주의 낙을 서술한 글이다. 에나 지금이나 대객초인사(對客初人事)로 담배를 권하고 다음은 술상을 내오게 한다. 상류가정에서는 의례히 거문고를 잡히고 이에 어울려 노래하면서 연거퍼 술잔을 주고 받는다. 음주·가무·담론등은 고대에는 물론, 현대에 이르러서도 문화인들이 즐겨하는 행사들이다.

絃 줄 현. 거문고 현.
歌 노래 가.
酒 술 주.
讌 잔치 연. 이야기할 연.
接 접붙일 접. 형틀 접.
杯 잔 배. 국바리 배.
擧 들 거. 날 거.
觴 잔 상.

득어망전(得魚忘筌) 고기가 잡히면 그때 쓰던 통발을 잊어 버린다는 것이 이 말의 뜻. 학문이나 참된 뜻을 알기 위한 경우에는 수에는 구애되지 않는다와 희망이 달성되면 그동안 도움이 되던 것을 잊는다의 뜻으로 쓰이고 있다.

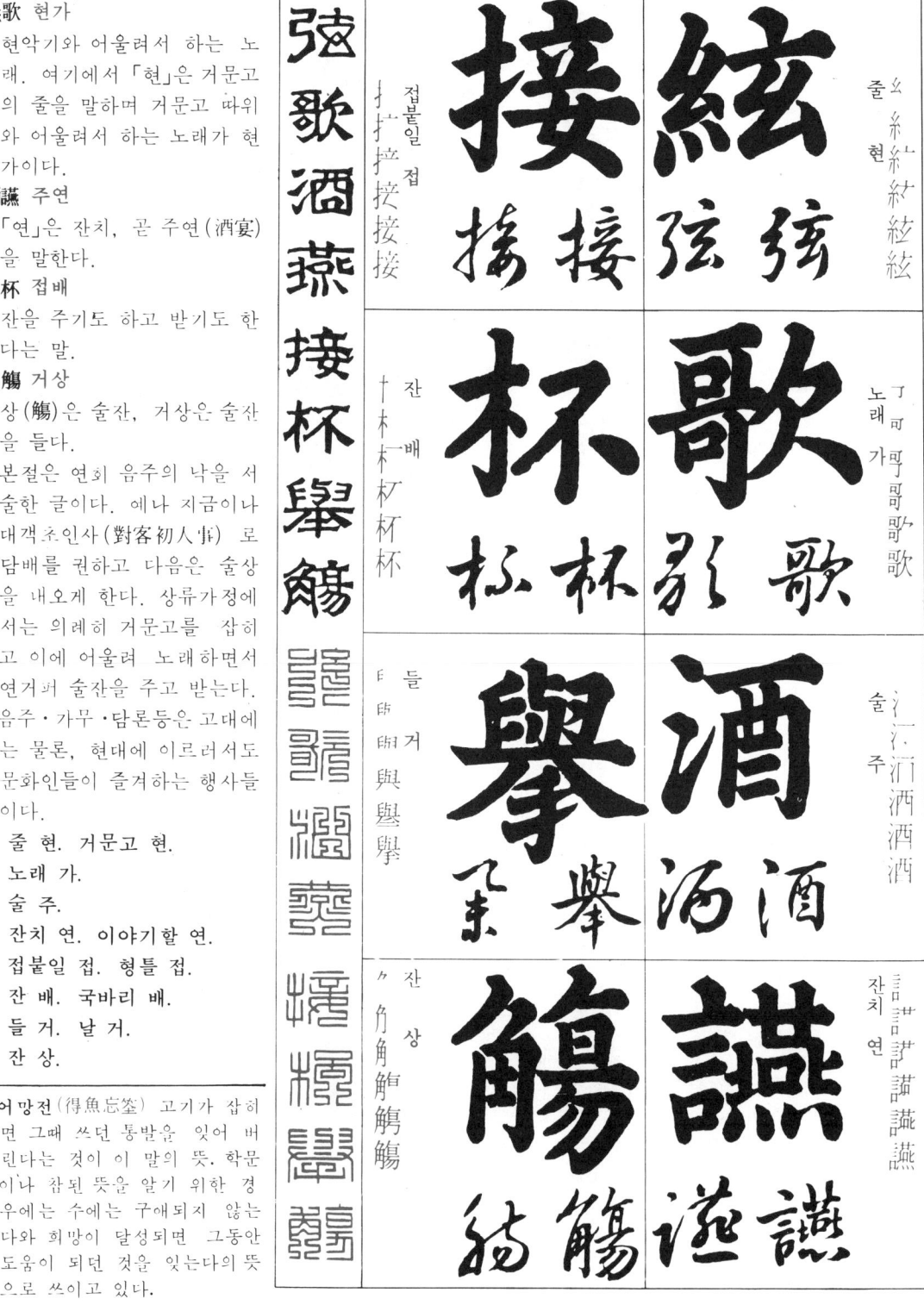

絃歌酒讌接杯擧觴

絃 줄 현 幺 糸 紅 紋 絃 絃
歌 노래 가 丁 可 哥 哥 歌 歌
酒 술 주 氵 汀 沔 洒 酒 酒
讌 잔치 연 言 訢 諮 諮 讌 讌
接 접붙일 접 扩 拯 挼 接 接 接
杯 잔 배 十 木 木 杯 杯 杯
擧 들 거 臼 臼 與 與 擧 擧
觴 잔 상 ク 角 觴 觴 觴 觴

矯手 교수

교수는 손을 높이 들다. 교
「矯」는 거(擧)라고 했다. 손
은 손가락을 펴면 손(手)이
되고 꼬부리면 권(拳)이
된다고 했다.

頓足 돈족

발을 내렸다 올렸다 하는 동
작인데 뛰고 춤추는 형용이
다.

悅豫 열예

기뻐하고 즐거워 한다. 후한
서(後漢書)「하창전」「임금의
은택이 아래로 퍼져 모든 백
성들이 즐거워한다」라고 했
다.

且康 차강

또한 안강하다.

●첩어적방(妾御績紡)에서부터
여기까지는 가정의 평화를
구가한 것이다.

빈객을 불러모아 술을 마시
다가 흥이 났을 때에는 음악
에 맞추어 춤을 추니 기쁘고
즐거우며 마음이 유쾌하게
된다는 말이다.

矯 들 교. 바로잡을 교.

手 손 수. 잡을 수.

頓 꺾일 돈. 둔할 돈.

足 발 족. 족할 족

悅 기쁠 열.

豫 기뻐할 예. 미리 예.

且 또 차.

康 편할 강. 즐거울 강.

망국지음(亡國之音) 망국지음은
망한 나라의 음악이고, 또 나
라를 망치는 음미(淫靡)한 음
악이라는 뜻으로 예기(禮記)에
「상간복상지음(桑間濮上之音)
망국(亡國)의 음이니라」고 기
록되어 있고 한비자의 십과편
과 악기(樂記)에도 실려 있다.

矯手頓足 悅豫且康

들교 矯 矢妖矯矯矯 / 驕

손수 一二三手 手

꺾일돈 口屯屯屯頓頓 頓 / 杛 頓

발족 口口口尸足足 足 / 己 足

기쁠열 忄忄怤怤怢悅 悅 / 悦 悦

기뻐할예 マ予矛矛豫豫 豫 / 豫 豫

또차 一冂月月且 且 / 旦 且

편할강 广户户庐康康 康 / 康 康

嫡後 적후

적(嫡)은 정실을 가리키고, 후(後)는 후사를 말하는 것이다. 그러므로 적후는 곧 정실이 낳은 아들을 이름이다.

嗣續 사속

가계(家系)를 계승함. 사(嗣)에 대해서 제후가 나라를 계승한다고 했는데, 여기에서 그 의미를 취하여 서인들이 대를 잇는 것에도 쓴다. 속(續)은 잇는다는 뜻.

祭祀 제사

제(祭)는 제사이다라고 되어 있다. 사(祀)는 오래도록 끊어지지 않도록 때때로 제사하는 것을 말한다.

蒸嘗 증상

「증」은 동제(冬祭)이며 「상」은 가을에 드리는 제사들의 이름이다. 「예기」 왕제(禮記 王制)에 이르기를 천자·제후의 종묘의 제사에 있어 봄의 제를 「약」이라 하고, 여름의 것을 「제」라 하고, 가을의 것을 「상」, 겨울의 제를 「증」이라고 했다.

嫡 맏아들 적.
後 뒤 후. 아들 후.
嗣 이을 사. 익힐 사.
續 이을 속.
祭 제사 제.
祀 제사 사.
蒸 제사이름 증.
嘗 가을제사 상.

계포일락(季布一諾) 略해서 계락(季諾)이라고도 하는데 오늘날은 틀림없이 알았다는 뜻으로 쓰이고 있다. 초나라 사람들은 「황금 백근을 얻는 것은 계포의 일낙(一諾)을 얻는 것만 못하다」라고 하였다.

嫡後嗣續祭祀蒸嘗

嫡 맏아들 적 女 妃 妁 妁 嫡 嫡

祭 제사 제 夕 夕 夗 夗 祭 祭

後 뒤 후 彳 彳 彳 彳 彳 後 後

祀 제사 사 二 丁 示 示 示 祀

嗣 이을 사 口 吕 吊 吊 吊 嗣

蒸 제사이름 증 艹 芽 芽 芽 蒸 蒸

續 이을 속 糸 絲 絖 絖 續 續

嘗 가을제사 상 艹 艹 尚 尚 尚 嘗

117

稽顙再拜 계상재배

　이마를 땅에 대고 엎드려 잠시 그대로 있다가 서서히 머리를 드는 것인데 이것을 두번 되풀이하는 예법이다. 이 「계상재배」는 윗글의 「적후사속」을 받아서 부모의 상을 당했을 때 하는 절인 것이다.

悚懼恐惶 송구공황

　매우 두려워한다는 뜻이다.

●대체로 남의 자식된 사람이 그 집을 계승하여 삼년상이 지나기 전에 행하는 배례의 의식은 먼저 머리를 땅에 대고, 잠시 엎드려 있다가 두번 절하고 나서 손님에게 인사하는 법이다. 지나치게 슬퍼한 나머지 머리를 땅에 대고 엎드리는 것인데 그 의복 모양이 정제되어 있지 않다고 해서 흉배(兇拜)라고 한다. 여기서는 그 세사를 신중하게 집행하는 상황을 설명한 것이다.

稽 조아릴 계.
顙 이마 상.
再 두번 재. 거듭 재.
拜 절 배.
悚 두려워할 송.
懼 두려울 구. 조심할 구.
恐 두려워할 공. 으름 공.
惶 두려워할 황.

수서양단(首鼠兩端) 호적수인 두영과 전분이라는 사람이 제(帝)에게 나와 상대를 헐뜯자 죄를 규명하는 관리에게 그 진상을 왕은 묻는다. 그러나 그가 답하지 못하자 「구멍에서 머리만 내밀고 나갈까 말까 망서리는 쥐처럼 뚜렷한 흑백을 가리지 못하고 있느냐 (어찌 首鼠兩端을 하는가)」고 호통을 쳐 그를 퇴출시킨데서 유래한 말.

稽顙再拜
悚懼恐惶

두려워할 송 悚
두려울 구 懼
두려워할 공 恐
두려워할 황 惶

조아릴 계 稽
이마 상 顙
두번 재 再
절 배 拜

牋牒 전첩

외인과의 사이에 왕래하는 서신의 뜻.

簡要 간요

간결하고 요령 있음.

顧答 고답

겸손과 신중한 태도로 좌우를 돌아보며 대답함. 「예기」 곡례(曲禮)에 보면 군자를 모시고 있을 때 좌우를 돌아다보지 않고 대답하는 것은 예의가 아니다라고 했다.

審詳 심상

두 글자가 모두 자세하다는 뜻임.

● 본절은 대인법으로서 서간과 언어의 두 부문으로 나뉘었다. 대체로 남과 편지할 때에는 번잡하지 않게, 요점만 따라서 간략히 하며 웃사람에게 대답할 때는 겸허한 태도로 좌우를 돌아보며 자세하게 대답해야 한다.

牋 **종이 전. 편지 전.**
牒 **서찰 첩. 조회 첩.**
簡 **단출할 간. 편지 간.**
要 **구할 요. 요할 요.**
顧 **돌아볼 고.**
答 **대답할 답. 갚을 답.**
審 **살필 심. 깨달을 심.**
詳 **자세할 상.**

배반낭자(杯盤狼藉) 주연이 고비에 오르면 주석이 난잡해지는 것을 말한다. 전국시대 초기 제위왕 때 순우곤이란 자가 임금에게 간할 때 쓰인 말로 촌리에서 회합이 있어 남녀가 어울려 술을 마시면 마침내는 취기가 올라 남녀가 무릎을 맞대고 신발이 흩어져 배반낭자가 된다고 하였다. 이렇듯 즐거움이 극도에 오르면 나라가 쇠한다는 것.

骸垢 해구
　몸에 낀 때.
想浴 상욕
　목욕할 것을 생각함. 곧 「예기」 내칙 (內則)에 보면 「부모의 침이나 콧물 같은 더러운 것은 남에게 보이지 않고 …닷새마다 물을 데워서 목욕시키고 사흘마다 몸을 닦아드린다. 그 중간에라도 얼굴에 때가 묻었으면 물을 데워 닦기를 청하고 발이 더러우면 역시 물을 데워다 드리고 닦기를 청한다」고 했다.
執熱 집열
　뜨거운 것을 손에 잡다.
願涼 원량
　차가운 것을 원함.
●더러운 것을 버리고 깨끗한 것을 바람은 인지상정 (人之常情)이다. 실로 이 글대로만 하면 바라지 않아도 효자라는 말을 들을 것이다. 부모가 진실로 원하는 바가 무엇인가를 잘 살펴서 그 뜻대로 해드리는 것이 효의 첫걸음이다.

骸 몸 해. 뼈 해.
垢 때 구. 수치 구.
想 생각할 상.
浴 미역감을 욕.
執 잡을 집.
熱 더울 열 바쁠 열.
願 바랄 원. 빌 원.
涼 서늘할 량. 맑을 량.

요동지시 (遼東之豕)　요동지방의 돼지라는 뜻. 요동시는 남이 본다면, 별로 이상하거나 대단치도 않은 공을 가지고 자랑하는 어리석음을 가리켜 그것을 비웃을 때 쓰이고 있다. 그와 비슷한 말로는 정중지와가 있는데 견식이 좁음을 비웃는 말.

120

驢騾 여라

　나귀와 노새.

犢特 독특

　송아지와 황소.

駭躍 해약

　놀라서 뛰다.

超驤 초양

　고개를 솟구쳐 위로 넘다.

●사람은 필요할 때 쓰려고,
가정에서 여러 가지 가축을
기른다. 이런 가축 중에서도
소와 말 종류가 잘 번식해서
뛰고 노는 모습을 말한 것이
이 귀절이다.

가축이 번성한다는 것은 그
만큼 농민이 부(富)하고 통치
자는 선정을 하고 있다는 증
거다. 그러므로「예기」곡례
에 보면 백성들이 잘 살고 못
사는 것을 물으면 가축의 수
효로서 이에 대답한다고 하
였다.

또「여라」에 대해서도 나귀
와 노새로 풀이했지만　말
(馬)로 해석해도 무관할 것이
다. 흉노들이 사는 지방에
말과 나귀가 교합해서　낳은
것을 지금 중국 북쪽 지방에
서 기르니 이것을 노새라고
한다고 씌어 있다.

驢 가라말 려. 나귀 려.

騾 노새 라.

犢 송아지 독.

特 수소 특. 유다를 특.

駭 놀랄 해.

躍 뛸 약.

超 뛰어넘을 초. 넘을 초.

驤 들 양. 달릴 양.

무용지용(無用之用) 어리석은 인
간에게 유용이란 쓸모없는 잔
꾀, 어리석음에 지나지 않고
무용으로 보이는 것에 오히려
대용―진정한 용이 있다고 할
수 있다.

誅斬 주참

　죄인을 베어 죽이다.

賊盜 적도

　도둑. 「좌전(左傳)」문공 18
　년에 살인을 마다 않는 것이
　적(賊)이요, 훔치고 앗아가
　는 것이 도둑이라고 구별했
　다.

捕獲 포획

　포박과 같음.

叛亡 반망

　모반(謀反)하여 도망하다.

●적(賊)은 살인을 저지르고
　도 거리낌 없는 자, 도(盜)
　는 남의 물건을 훔친 자를
　말한다. 반(叛)은 임금을 배
　반한 자, 망(亡)은 나쁜 일
　을 저지르고 도망해 달아난
　자를 말한다. 이들은 모두가
　나라의 치안을 해치는 자이
　다. 그러므로 「적도」는 마
　땅히 주참으로 엄벌해야 한
　다는 것이고 나라를 배반하
　고 도망한 자는 포박해야 한
　다는 것이다.

誅 벨 주.
斬 벨 참. 끊을 참.
賊 도적 적. 학대할 적.
盜 훔칠 도.
捕 잡을 포.
獲 얻을 획.
叛 배반할 반. 배반 반.
亡 망할 망. 잃을 망.

자두연기(煮豆燃其) 콩을 삶아 장
　을 만들려고 콩깍지를 태우니
　솥속의 콩이 뜨거움에 견디지
　못해 울며 말하기를 콩이나 콩
　깍지는 다 같은 부리에서 자라
　난 사이인데, 이렇게 급히 삶
　는다는 것은 너무나 쓰라린 짓
　이 아니냐는 싯귀의 일절이다.
　여기서 유래해 빨리 시를 짓는
　재주를 찬양하는데 쓰인다.

布射 포사

여포(呂布)의 궁술(弓術).
여포는 삼국시대의 궁술의
명인이다

僚丸 료환

웅의료(熊宜僚)의 농환(弄
丸). 웅위료는 전국시대의
사람으로 방울 굴리기의 명
수였다. 방울 九개를 공중에
던지는데 여덟개는 굴로고 있
었고 한 개는 자기 손에 있
었다고 한다.

嵇琴 혜금

「혜강」의 거문고, 죽림칠현
의 한 사람으로 노장(老莊)
의 학을 좋아하여 양생편을
지었음.

阮嘯 완소

「완적」의 휘파람. 완적도 죽
림칠현의 한 사람으로 술을
좋아하고 휘파람으로 노래를
잘 불렀다. 어느날 소문산에
서 휘파람을 불었는데 그 소
리가 멀리 암곡 사이까지 울
려서 마치 봉황이 우는 소리
와도 같았다고 한다.

布 베포. 펼 포.
射 쏠사. 벼슬이름 사.
僚 벗료. 어여쁠 료.
丸 알 환. 탄환 환.
嵇 성 혜. 산이름 혜.
琴 거문고 금.
阮 성 완. 이름 완.
嘯 휘파람불 소. 읊조릴 소.

묘고야산(藐姑射山) 「고야의 산」
이라고 읽으며 선동(仙洞) 과
같이 상황(上皇), 법황(法皇)
의 어소(御所)를 가리키는 말
이다. 즉 묘고야 산에 사는 신
인(神人)에 의해 장자가 이상
으로 하는 인간상의 자유인 모
습을 시사하여 실제의 장소는
아닐 것이다.

123

恬筆 염필

「염」은 「몽염」을 가리킨 것이요, 필(筆)은 「조필」 곧 붓을 만들었다는 뜻이니 몽염이 바로 붓을 만들었다는 말이다.

倫紙 윤지

채륜(蔡倫)이 조지(造紙) 했다는 뜻의 약어이다. 채륜은 후한 때의 환관이다. 원료는 누에고치에서 나오는 솜인데 이것을 대발 위에 얇게 펴놓고 물에 적셔서 만들었다. 그렇기 때문에 지금처럼 나무 껍질이나 펄프를 가지고 만드는 종이와는 바탕이 다르다.

鈞巧 균교

마균은 한나라 때의 사람인데 그 교묘한 재주가 세상에 뛰어나 지남거(指南車)를 만들었다고 한다.

任釣 임조

임공자(任公子). 임공자는 낚시질로 유명한 사람이다.

● 일기(一技)에 능한 사람은 세인을 유익하게 하는 것이다. 일인 일기의 중요성을 강조한 구절이다.

恬 편안할 염. 조용할 염.
筆 붓 필. 쓸 필.
倫 인륜 륜.
紙 종이 지.
鈞 설혼근 균. 고를 균.
巧 공교할 교. 예쁠 교.
任 맡길 임. 마음대로 임.
釣 낚시 조.

파죽 지세(破竹之勢) 대를 쪼갤때 두 마디, 세 마디씩 마디를 쪼개면 다음에는 칼을 대기만 해도 저절로 쪼개지는 것과 같이 왕성한 기세를 말함.

釋紛 석분

분(紛)은 많은 물건이 이것 저것 섞이어 어지러운 모습 이니 그 어지러운 것을 해결 하는 것이 즉 석분이다.

利俗 이속

세인을 이롭게 함.

並皆佳妙 병개가묘

가묘(佳妙)는 아름답고 절묘 하다.「병개가묘)는 아울러 모두가 아름답고 절묘하다.

● 위의 두 귀절에서 여포의 사 슌, 의료의 농환은 적으로 하여금 싸움을 중지하게 하 고 적의 허점을 이용해서 우 리편을 승리로 이끄는 등 그 런 일들로 해서 어려운 일들 을 해결했다고 보겠다.

釋 풀 석. 벗을 석.
紛 분잡할 분. 어지러울 분.
利 이로울 리. 이익 리.
俗 시속 속. 속될 속.
並 아우를 병. 나란이할 병.
皆 다 개. 두루미칠 개.
佳 아름다울 가.
妙 묘할 묘. 젊을 묘.

창업이수성난(創業易守成難) 당 태종은 정관의 치로 후세에 유 명한데 그는 정사(政事)를 군 신들과 의논하였다. 어느때 태 종은 수성(守成)과 창업(創業) 중 어느 것이 더 어려운가라고 하문한 적이 있었다. 이에 방 현령은 싸워서 승리를 거두어 야 하므로 창업이 어렵다고 하 고 위징은 안일한 속에서 천하 기를 잃기 쉬우니 수성이 어렵 다고 답했다. 이에 태종은「교 사는 부귀에서 생기고 화란은 방심에서 생기니 수성이 더욱 어려워 앞으로는 수성의 곤란 을 극복하자」고 말하였다. 창 업이란 업을 시작함을 의미한 다.

毛施 모시

「모 장」과 「서 시」의 약칭이다. 모장은 옛날의 미인인데 월왕 구천의 사랑하던 첩이었다.

서시는 절강성 저라산의 나뭇군의 딸로 절세 미인이었다. 말하자면 「모시」란 글은 미인이 대명사이다.

淑姿 숙자

정숙한 맵시.

工頻 공빈

당나라 사람 여향(呂向)의 「교소공빈」에서 나온 말로 눈살을 찌푸리는 것을 말하는 것이다.

姸笑 연소

곱게 웃다.

● 모장과 서시는 다같이 절세 미인으로 기뻐할 때의 웃음은 말할 것도 없고 얼굴을 찌푸릴 때조차 그 모습은 그대로 천하미인이었다는 것이다. 세월은 화살과 같이 매양 그 빠르기를 재촉하는데 날마다 뜨는 아침 햇빛은 언제나 밝고 빛나기만 하다.

毛 성 모.
施 베풀 시. 기뻐할 시.
淑 맑을 숙.
姿 맵시 자. 풍치 자.
工 교묘할 공. 장인 공.
頻 찡그릴 빈.
姸 고을 연.
笑 웃음 소.

채미지가(采薇之歌) 사마천의 사기(史記)에 나오는 백이와 숙제 이야기 주 무왕의 덕을 인정한 수 없고 주왕실을 따르는 일이 수치라고 생각한 두 사람은 인가에서 멀리 떨어진 수양산에 들어 가 고비로 연명하며 세상을 근심하고 탓한 노래.

126

年矢 연시

　세월이 화살같이 빠르다. 즉 세월 가는 것이 화살과 같이 빠르다는 뜻이다.

每催 매최

　항상 재촉한다. 곧 세월이 유수같이 나를 재촉하니 몸소 감당하자니 차탄뿐이로다 라는 말이 있다.

義暉 희휘

　「희」는 햇빛이요, 「휘」는 빛남이니 햇빛이 빛나다의 뜻이다.

朗耀 낭요

　밝게 빛나다.

●세월은 화살같이　시시각각 운행하여 다시 되돌아오지않는다. 일광과 월광은　밝게 비치기만 하는구나.
위의 「모시숙자 공빈연소」를 받아, 비록 묘령의 미인이라 해도 흐르는 세월 앞에서는 별 수 없이 노쇠한다는 것을 경계한 말이다. 「희휘낭요」는 매우 밝은 표현이기는 하나 「연시매최」라는 매우 엄숙한 사실을 알리기 위하여 배치한 글이다.

年 해 년.
矢 살 시. 맹세할 시.
每 매양 매. 탐낼 매.
催 재촉할 최. 일어날 최.
義 햇빛 회.
暉 빛 휘. 빛날 휘.
朗 밝을 랑.
耀 빛날 요.

도주의돈지부 (陶朱猗敦之富) 세상에서 부를 운운하는 자를 도주공 혹은 의돈이라고 하고 부자를 가리켜 도의라고 하며 그 부를 도주의돈의부라고 한다.

旋璣 선기

「선기」는 혼천의를 말한다. 혼천의는 천체의 운행과 위치를 관측하는 기계로서 구형(球型)의 겉 쪽에 해 달 별 등의 천상(天象)을 미옥(美玉)으로 나열했음.

懸斡 현알

매달리어 둥글둥글 돌다. 알은 선전(旋轉)함을 가리키는 말이다.

晦魄 회백

「회」는 그믐을 말하는 것인데 캄캄함을 가리킨 것이고, 「백」은 달의 윤곽의 빛이 없는 부분을 가리킨 것이다. 즉 회일에 달이 숨어서 그 실체가 빛을 내지 않음을 말하는 것이다.

環照 환조

선회(旋回)하여 다시 빛을 비치는 것을 말함이다.

旋 옥 선. 별이름 선.
璣 선기 기. 구슬 기.
懸 달 현. 걸 현.
斡 돌 알. 주장할 간.
晦 그믐 회. 어둠 회.
魄 넋 백. 달 백.
環 고리 환. 옥 환.
照 비칠 조

수어지교(水魚之交) 한나라의 유비가 공명에게 우대하는 것을 관우와 장비에게 설명한 말로 「내가 공명과 함께 지내는 것은 물고기가 물 속에 있는 것과 같다. (물이 있어야 물고기는 비로소 물고기답게 된다.) 부디 두번 다시 이러쿵 저러쿵 말을 하지 말아주게」라고 하였다. 여기서 수어지교라 하면 주군과 신하의 끊을래야 끊을 수 없는 사이를 말하는 것이나 지금은 교우관계에도 쓰인다.

指薪 지신

　「장자」의 양생주(養生主)에 보면 섶은 궁진(窮盡)하지만 산에서 취하여 계속 보충하면 불꽃은 나무에 붙어서 계속 타서 그 끝나는 것을 알지 못한다 라고 했다. 이것은 사람의 생명의 무궁함을 비유한 말.

修祐 수우

　몸을 닦으면 하늘의 복록을 받아 행복을 누림.

永綏 영유

　길이 편안함. 「유」는 특히 마음의 편안함을 가리킴.

吉劭 길소

복록을 받고 행실이 선량하다.

● 사람은 늙어 죽기 전에 착한 일을 많이 쌓아 스스로 복록을 받아야 한다는 것을 말한 것인데, 우리는 여기에서 영겁의 진리를 터득할 준비를 갖추어야 한다. 앞사람이 죽으면 뒷사람에게 그 영이 옮겨져서 천지와 함께 무궁하다는 이치를 되새기며 인생을 살아야만 할 것이다.

임금 앞에서는 걷는데도 옷깃을 여미고, 낭묘에서는 부앙하는 일거일동에 있어서-에의를 시킨다.

指 가리킬 지. 손가락 지.
薪 땔나무 신.
修 닦을 수. 다스릴 수.
祐 복 우.
永 길 영.
綏 편안할 유. 물러갈 수.
吉 길할 길. 착할 길.
劭 높을 소. 힘쓸 소.

矩步 구보

법도에 맞는 보행.법도에 맞
춘 정돈된 걸음거리를 말한
다.

引領 인령

옷깃을 당기다. 의복이 목을
싸는 부분을 여미고 위의를
갖추려는 것을 말한다.

俯仰 부앙

「부」는 고개를 숙여 아래를
내려다봄을 「앙」은 고개를
쳐드는 것을 뜻하는 것인데
위를 쳐다보고 아래를 내려
다보는 것을 말한다.

廊廟 낭묘

낭(廊)은 곁채를 뜻하나 낭
묘일 때는 곁채가 따른 정전
으로서 나라의 정무를 결재
하는 궁전을 의미한다.

● 「구보인령」은 걸음걸이에 대
해서 말한 것이고, 「부앙낭
묘」는 임금을 대하는 자세와
태도를 말한 것이다.

矩 법 구. 곱자 구.
步 걸음 보.
引 끌 인. 당길 인.
領 옷깃 령. 다스릴 령.
俯 숙일 부. 숨을 부.
仰 우러러볼 앙. 부탁할 앙.
廊 곁채 랑. 행랑 랑.
廟 사당 묘. 묘당 묘.

망국지음(亡國之音) 망한 나라의
음악이고, 또 나라를 망치는
음악이라는 뜻. 위령공이 진나
라를 가는 도중 들은 새롭고
절묘한 음악을 궁중에 돌아와
연주자로 하여금 임금 앞에서
연주하게 하였다. 그러나 명음
악가인 사광이 듣고 깜짝 놀라
그 곡의 유래로 주왕이 밤낮
음탕한 곡을 들어 천하를 잃었
다고 하며 그 중지를 간하였다
는 것에서 유래.

束帶 속대

　정복을 몸에 갖추는 것을 속
(束), 큰 띠를 대(帶) 라고
한다. 속대는 정장한 조복(朝
服)을 이름이다.

矜莊 긍장

　긍은 함부로 하지 않음이요
장은 예의범절이 엄정함을
이름이니 곧 단정한 행위와
태도를 가리킨다.

徘徊 배회

　천천히 이리저리 왔다 갔다
함. 유유한 걸음으로 왕래하
는 것.

瞻眺 첨조

　멀리 바라보다.

● 한마디로 말해서 한 가지라
도 예용(禮容)을 잃는 일이
있어서는 안 된다는 말이며
정장을 했을 때는 중후한 태
도를 취하며, 걷고 보는 모
든 행동을 조심하라는 교훈
인 것이다. 동서고금을 막론
하고 예의를 지키는데 있어
복장과 태도가 엄정해야 함
은 두말할 필요도 없다. 아
무리 그 인품이 고결하드라
도 복장·태도가 정제되지
못한 사람은 남의 존경을 받
지 못하는 것이다.

　속대와 예복은 정중하게 하
고 좌우로 어정거리거나 상
하로 부앙하고 먼곳을 바라
봄은 공경을 잃는 일이다.

束 묶을 속. 단속할 속.
帶 띠 대. 근처 대.
矜 자랑할 긍. 아낄 긍.
莊 엄할 장. 별장 장.
徘 배회할 배.
徊 배회할 회.
瞻 볼 첨.
眺 바라볼 조.

孤陋 고루

　외롭고 비루한 것.

寡聞 과문

　견문이 적음. 천견과군 이라
　고 하여 천견과 병칭된다.

愚蒙 우몽

　어리석고 무지함. 우매와 같
　은 뜻의 말.

等肖 등초　誚

　나무람을 받다.

●요컨데 자기 홀로 이룬 비소
　한 견해로는 무지 (無知)라는
　비방을 면치 못할 것이니 자
　기만의 좁은 지식을 떠나서
　허심 겸허하게 남의 의견을
　들을 뿐 아니라 천성 (天聲)
　까지도 들을 줄 알아야 하며
　항상 상대방에게 배운다는
　자세가 요망된다. 요컨대 나

孤 외로울 고. 고아 고.
陋 좁을 루. 추할 루.
寡 적을 과. 홀어미 과.
聞 들을 문. 맡을 문.
愚 어리석을 우. 어리석게할
　우.
蒙 어릴 몽. 입을 몽.
等 그리 등. 견줄 등.
誚 꾸짖을 초. 나무랄 초.

고복 격양 (鼓腹 擊壤) 성천자 (聖天
　子)로 이름이 높은 제요 (帝堯)
　때의 이야기. 요가 천자로 즉
　위한 뒤 직접 자기 눈으로 민
　심을 보고 듣기 위해 어느날
　거리로 나섰다. 무심코 백발노
　인이 입안에 든 음식을 오물거
　리며 격양놀이를 하는데, 배를
　두드려 박자를 맞추면서 노래
　를 부르는 것을 듣고 마음이
　밝아졌다. 「백성들이 아무런
　불만 없이 고복, 배를 두드리
　며 격양놀이도 드높게 자기들
　의 생활을 즐기고 있으니 정치
　가 잘 되어가고 있는 증거가
　아닌가」하며 즐겁게 돌아왔다.

謂語助者 위어조자

어조(語助)라 일컫는 글자에는 「언재호야」가 있다. 이들은 모두 실자(實字)에 대한 허자(虛字)이니, 일정한 뜻이 없는 글자인 것이다. 그러나 전접(轉接), 감동사 등의 역할을 맡고 있으니 꼭 허자로만 취급할 수 없으며 이를테면 그렇게도 말할 수 있다는 뜻이다.

焉哉乎也 언제호야

넉자는 조어, 곧 허자(虛字)이다.

● 어조사는 실질적인 뜻은 없고 다만 다른 글자의 보조로만 쓰이는 것이다. 그러나 글귀를 성립시키고 말을 만들어 나가는 데 없어서는 안되는 글자들이 곧 언·제·호·야 등의 글자다.

앞의 글에서 삼라만상의 자리와 사람된 도리를 광범하게 가르치고 나서 이 글에서는 언·제·호·야의 네 글자로 그 결말을 맺었다.

謂 이를 위.
語 말씀 어.
助 도울 조. 구실 조.
者 놈 자. 어조사 자.
焉 어찌 언. 어조사 언.
哉 어조사 재.
乎 어조사 호. 오호 호.
也 어조사 야.

─────

호연지기(浩然之気) 맹자가 말하기를 「(気)는 극히 광대하고 강건하며 바르고 순직한 것으로 이것을 해치지 않도록 기르면 천지간에도 충만된다. 이것은 자기 자신 속의 올바름을 쌓아가므로써 생기는 것으로 또 스스로 만족해야 한다」고 했다.

133

**常用
初級漢字
900字**

음	漢字	뜻
가	佳	아름다울
	家	집
	歌	노래
	價	값
	可	옳을
	加	더할
	假	빌
	街	거리
각	各	각각
	角	모날
	脚	다리
간	干	방패
	間	사이
	看	볼
갈	渴	목마를
감	感	느낄
	減	덜
	敢	용감할
	甘	달
갑	甲	갑옷
강	降	내릴
	江	강
	講	강론할
	強	강할
개	開	열
	改	고칠
	個	낱
	皆	다
객	客	손
갱	更	고칠
거	去	갈
	巨	클
	居	살
	擧	들
	車	수레
건	建	세울
	乾	마를
견	見	볼
	堅	굳을
	犬	개
결	潔	조촐할
	結	맺을
	決	결단할
경	驚	놀랄
	京	서울
	輕	가벼울
	敬	공경
	景	빛
	耕	갈
	慶	경사
	競	다툴
	經	날
	庚	천간
계	溪	시내
	季	계절
	界	지경
	計	헤아릴
	鷄	닭
	癸	북방
고	故	연고
	告	고할
	固	마를
	考	상고할
	古	옛
	高	높을
	苦	괴로울
곡	谷	골짜기
곤	困	곤할
골	骨	뼈
공	空	빌
	工	장인바지
	公	귀인
	共	한가지
	功	공
과	過	지날
	課	구실
	科	과정
	果	열매
관	觀	볼
	關	빗장
광	光	빛
	廣	넓을
교	交	사귈
	校	학교
	橋	다리
	敎	가르칠
	九	아홉
구	求	구할
	口	입구
	救	구원할
	究	궁리할
	久	오랠
	句	글귀
	舊	옛적
국	國	나라
	郡	고을
군	軍	군사
	君	임금
궁	弓	활
권	卷	책
	權	권세
	勸	권할
귀	貴	귀할
	歸	돌아갈
균	均	고를
극	極	다할
	克	이길
근	近	가까울
	勤	부지런할
	根	뿌리
금	金	쇠
	今	이제
	禁	금할
급	急	급할
	給	줄
	及	미칠
기	既	이미
	幾	몇
	氣	기운
	起	일어날
	記	기록할
	其	그
	基	터
	己	몸
	技	재주
	期	기약할
길	吉	좋을
난	暖	따뜻할
	難	어려울
남	南	남쪽
	男	사내
내	內	안
	乃	이에
녀	女	계집
년	年	해
념	念	생각할
노	怒	성낼
	農	농사
	能	능할
	多	많을
단	但	다만
	單	홀
	短	짧을
	端	끝
달	達	통달할
담	談	말씀
답	答	대답할
당	堂	집
	當	마땅할
대	大	큰
	代	대신
	對	대할
	待	기다릴
덕	德	큰
도	度	법도
	到	이를
	島	섬
	道	길
	徒	무리
	都	도읍
	刀	칼
	圖	그림
독	讀	읽을
	獨	홀로
동	同	한가지
	東	동녘
	冬	겨울
	動	움직일
	洞	마을
	童	아이
두	斗	말
	頭	머리
	豆	콩
득	得	얻을
등	等	무리
	登	오를
	燈	등불
락	落	떨어질
	樂	즐길
란	卵	알
랑	浪	물결

船 배 / 選 고를 / 善 착할 **설** 說 말씀 / 雪 눈 / 設 베풀 **성** 姓 성 / 城 성벽 / 誠 정성 / 省 살필 / 成 이룰 / 聖 성인 / 星 별 / 性 성품 / 聲 소리 / 盛 성할 **세** 稅 구실 / 世 대 / 歲 나이 / 細 가늘 / 勢 형세 / 洗 씻을 **소** 笑 웃을 / 小 작을 / 少 적을 / 所 곳 / 消 사라질 / 素 흴 **속** 速 빠를 / 續 이을 / 俗 풍속 **손** 孫 겸손할 **송** 送 보낼 / 松 소나무 **수** 誰 누구 / 愁 근심 / 水 물 / 手 손 / 受 받을 / 數 셈 / 收 거둘 / 守 지킬 / 授 줄 / 壽 목숨 / 樹 나무 / 修 닦을 / 首 머리

사 仕 벼슬 / 四 녁 / 師 스승 / 寺 절 / 死 죽을 / 士 선비 / 使 부릴 / 絲 실 / 事 일 / 思 생각할 / 舍 집 / 史 사기 / 謝 사례할 / 射 쏠 / 巳 뱀 / 私 사사 **산** 山 뫼 / 産 낳을 / 散 헤어질 / 算 셈놓을 **살** 殺 죽일 **삼** 三 석 **상** 尚 오히려 / 霜 서리 / 上 위 / 商 장사 / 相 서로 / 常 항상 / 傷 상할 / 賞 상줄 / 想 생각할 / 喪 죽을 **색** 色 빛 **생** 生 낳을 **서** 西 서쪽 / 書 글 / 暑 더울 / 序 차례 **석** 昔 옛 / 惜 아낄 / 夕 저녁 / 石 돌 / 席 자리 **선** 仙 신선 / 線 줄 / 先 먼저 / 鮮 고울

房 방 / 放 놓을 / 訪 물을 **배** 拜 절 **백** 白 흰 / 百 일백 / 番 차례 **벌** 伐 칠 **범** 凡 무릇 **법** 法 법 **변** 變 변할 **별** 別 이별할 **병** 兵 군사 / 病 병들 **보** 內 남녀 / 報 갚을 / 步 걸음 / 保 보전할 / 伏 엎드릴 / 服 옷 / 復 회복할 **본** 本 밑 **봉** 奉 받들 / 逢 만날 **부** 浮 뜰 / 扶 붙들 / 否 아닐 / 父 아비 / 富 넉넉할 / 夫 지아비 / 婦 며느리 / 部 거느릴 **북** 北 북녘 **분** 分 나눌 **불** 佛 부처 / 不 아니 **붕** 朋 벗 **비** 飛 날 / 比 견줄 / 鼻 코 / 悲 슬플 / 備 갖출 / 非 아닐 **빈** 貧 가난할 **빙** 氷 얼음

忘 잊을 **매** 買 살 / 賣 팔 / 每 매양 / 妹 누이 **맥** 麥 보리 **면** 面 낯 / 眠 잠잘 / 免 면할 / 勉 힘쓸 **명** 鳴 울 / 命 목숨 / 明 밝을 / 名 이름 **모** 母 어미 / 毛 털 / 暮 저물 **목** 木 나무 / 目 눈 **묘** 妙 묘할 / 卯 토끼 **무** 茂 성할 / 武 호반 / 舞 춤 / 無 없을 / 務 힘쓸 / 戊 다섯째 천간 **묵** 墨 먹 **문** 門 문 / 問 물을 / 聞 들을 / 文 글 **물** 勿 말 / 物 물건 **미** 尾 꼬리 / 米 쌀 / 美 아름다울 / 未 아닐 / 味 맛 **민** 民 백성 **밀** 密 빽빽할 **반** 半 절반 / 飯 밥 / 反 돌이킬 **발** 發 필 **방** 防 막을 / 方 모

郎 사내 / 朗 달밝을 **래** 來 올 **랭** 冷 찰 / 涼 서늘할 **량** 量 헤아릴 / 良 어질 / 兩 두 **려** 旅 나그네 / 歷 겪을 **력** 力 힘 **련** 連 이을 / 練 겪을 **렬** 列 벌릴 / 烈 매울 **령** 領 거느릴 / 令 하여금 **례** 禮 예도 / 例 법식 **로** 路 길 / 老 늙을 / 勞 수고로울 / 露 이슬 **록** 綠 푸를 **론** 論 의논할 **료** 料 될 **류** 流 흐를 / 柳 버들 / 留 머무를 **륙** 六 여섯 / 陸 뭍 **륜** 倫 인륜 **률** 律 법 **리** 理 다스릴 / 里 마을 **림** 林 수풀 **립** 立 설 **마** 馬 말 **막** 莫 말 **만** 萬 일만 / 滿 찰 / 晩 늦을 / 忙 바쁠 **망** 亡 망할 / 望 보름

五

[오른쪽 첫째 칸]

秀	빼어날	
須	모름지기	
雖	비록	
淑	맑을	숙
宿	잘	
叔	아저씨	
順	순할	순
純	순전할	
戌	개	술
崇	높을	숭
習	익힐	습
拾	주울	
勝	이길	승
乘	탈	
承	이을	
時	때	시
市	시장	
詩	글	
示	보일	
始	비로소	
試	시험할	
是	옳을	
施	베풀	
視	볼	
氏	성	씨 식
植	심을	
食	밥	
式	법	
識	알	
新	새	신
身	몸	
信	믿을	
神	귀신	
臣	신하	
辛	쓸	
申	납	
室	집	실
失	잃을	
實	열매	
心	마음	심
深	깊을	
甚	심할	
十	열	십 아
我	나	
兒	아이	
惡	악할	악
顔	얼굴	안

[둘째 칸]

案	상고할	
安	편안할	
眼	눈	
巖	바위	암
暗	어두울	
仰	우러러볼	앙
愛	사랑	애
哀	슬플	
也	또한	야
野	들	
夜	밤	
藥	약	약
弱	약할	
若	같을	
約	기약할	
洋	큰바다	양
讓	사양할	
陽	볕	
羊	양	
養	기를	
揚	날릴	
魚	물고기	어
漁	고기잡을	
語	말씀	
於	대신할	
憶	기억할	억
言	말씀	언
嚴	엄할	엄
業	일	업
如	같을	여
余	나	
汝	너	
餘	남을	
與	더불어	
亦	또	역
逆	거스릴	
易	바꿀	
煙	연기	연
研	갈	
然	그럴	
硯	벼루	
熱	더울	열
悅	기쁠	
炎	불꽃	염
葉	잎	엽
榮	영화	영

[셋째 칸]

永	길	
英	꽃부리	
迎	맞을	
藝	재주	예 오
吾	나	
五	다섯	
午	낮	
悟	깨달을	
誤	그릇할	
烏	까마귀	
屋	집	옥
玉	구슬	
溫	따뜻할	온
臥	누울	와
瓦	기와	
完	완전할	완 왕
曰	가로되	
王	임금	
往	갈	
外	밖	외 요 욕
要	구할	
浴	목욕할	
用	쓸	용
容	얼굴	
勇	날랠	
于	어조사	우
宇	집	
憂	근심	
右	오른쪽	
雨	비	
友	벗	
牛	소	
又	또	
遇	만날	
尤	더욱	
雲	구름	운
云	이를	
運	운전할	
雄	수컷	웅 원
圓	둥글	
遠	멀	
怨	원망할	
願	원할	
原	언덕	
園	동산	
元	으뜸	

[넷째 칸]

月	달	월 위
偉	클	
位	자리	
危	위태할	
爲	할	
威	위엄	
唯	오직	유
油	기름	
幼	어릴	
有	있을	
遊	놀	
由	까닭	
柔	유순할	
酉	닭	
肉	고기	육
育	기를	
恩	은혜	은
銀	돈	
乙	새	을
吟	읊을	음
音	소리	
陰	그늘	
飲	마실	
邑	골	읍
泣	끓는소리	응
應	응할	
醫	병고칠	의
意	뜻	
衣	옷	
依	의지할	
義	옳을	
議	의논할	
矣	어조사	
二	두	이
以	써	
異	다를	
移	옮길	
貳	두	
耳	귀	
已	이미	
而	말이을	
益	더할	
忍	참을	인
因	인연	
人	사람	
印	도장	

[다섯째 칸]

引	당길	일
仁	어질	
認	알	
寅	범	
日	날	
壹	한	
一	한	
壬	북쪽	임 입 자
入	들	
子	아들	
自	스스로	
字	글자	
者	놈	
姉	맏누이	
慈	사랑할	작
作	지을	
昨	어제	
長	길	장
將	장수	
場	장소	
章	글월	
壯	장할	
住	있을	재
再	두	
財	재물	
材	재목	
才	재주	
栽	심을	
哉	비로소	
爭	다툴	쟁 저
貯	쌓을	
低	낮을	
著	지을	적
的	과녁	
赤	붉을	
適	맞을	
敵	대적할	
典	법	전
前	앞	
田	밭	
全	온전	
錢	돈	
展	펼	
戰	싸움	
電	번개	
傳	전할	
絶	끊을	절

점접정
節 마디
店 가게
接 이을
正 바를
井 우물
淨 깨끗할
定 정할
丁 고무래
停 머무를
庭 뜰
政 정사
精 정기
情 뜻
貞 곧을
頂 이마
靜 고요할
제
弟 아우
第 차례
製 만들
祭 제사
題 글제
帝 임금
諸 모든
除 덜
조
造 지을
朝 아침
鳥 새
助 도울
祖 할아버지
調 고를
早 일찍
兆 억조
족
足 발
族 겨레
存 있을
존
尊 높을
졸종
卒 군사
種 씨
終 마칠
從 좇을
宗 마루
좌
坐 앉을
左 왼쪽
죄주
罪 허물
宙 집
酒 술

죽중
朱 붉을
晝 낮
主 임금
走 달아날
注 물댈
住 머무를
竹 대
中 가운데
重 무거울
衆 무리
즉증
卽 곧
證 증거할
增 더할
曾 일찍
지
只 다만
地 땅
紙 종이
至 이를
支 지탱할
知 알
指 손가락
志 뜻
之 갈
止 그칠
持 가질
枝 가지
직진
直 곧을
盡 다할
辰 별
進 나아갈
眞 참
質 바탕
執 잡을
질집
集 모을
且 또
此 이
次 다음
차
借 빌릴
察 살필
참창
參 참여
昌 창성할
唱 노래부를
窓 창문
채
菜 나물
採 캘
責 꾸짖을
册 책

처척천
妻 아내
處 곳
尺 자
千 일천
天 하늘
川 내
泉 샘
淺 얕을
鐵 쇠
靑 푸를
晴 날맑을
請 청할
廳 맑을
체초
體 몸
草 풀
初 처음
招 부를
촌
村 마을
寸 마디
최추
最 첫째
催 재촉할
秋 가을
追 가릴
祝 빌
丑 소
춘출충
春 봄
出 날
忠 충성
蟲 벌레
充 채울
취
吹 불
取 취할
就 이룰
치
致 이룰
治 다스릴
齒 이
칙친
則 법
親 친할
침쾌타
針 바늘
快 상쾌할
他 다를
打 칠
墮 떨어질
탈탐
脫 벗을
探 찾을

태토통
泰 클
太 클
土 흙
通 통할
統 거느릴
퇴투특파
退 물러갈
投 던질
特 특별
波 물결
破 깨뜨릴
판패
判 쪼갤
敗 패할
貝 조개
片 조각
편
便 편할
篇 책
평폐포
平 편할
閉 닫을
抱 안을
布 베
暴 사나울
폭표품풍
表 겉
品 물건
豊 풍년
風 바람
楓 단풍나무
피
彼 저
皮 가죽
필
匹 짝
必 반드시
筆 붓
하
下 아래
何 어찌
夏 여름
河 물
賀 축하
학한
學 배울
恨 한할
寒 추울
漢 한나라
韓 한나라
閑 한가할
限 한정
합항해
合 합할
恒 항상
海 바다
害 해로울

행향
解 풀
亥 돼지
行 행할
幸 요행
香 향기
鄕 시골
向 향할
허
許 허락할
虛 빌
현
現 지금
賢 어질
혈협형
血 피
協 화합할
兄 맏
形 형상
刑 형벌
혜호
惠 은혜
湖 호수
戶 지게
呼 부를
號 부를
好 좋을
虎 범
혹혼
或 혹시
混 섞일
婚 혼인
홍화
紅 붉을
火 불
化 변화할
貨 재물
花 꽃
華 빛날
話 말씀
和 화할
畵 그림
환활황
歡 기쁠
患 근심
活 살
黃 누를
皇 임금
회
廻 돌아올
會 모을
효
孝 효도
效 보람
후훈
厚 두터울
後 뒤
訓 가르칠

휴	休	쉴
흉	凶	흉할
	胸	가슴
흑	黑	검을
흥	興	일어날
회	喜	기쁠
희	希	바랄

常用 高級漢字 900字

가	架	시렁
	暇	한가할
각	却	물리칠
	覺	깨달을
	刻	새길
	閣	집
간	肝	간
	幹	줄기
	簡	편지
	懇	간절할
	刊	새길
	姦	간사할
감	鑑	거울
	監	살필
강	剛	굳셀
	鋼	강철
	綱	벼리
	康	편할
개	槪	대개
	慨	분할
	介	낄
	蓋	덮을
거	距	이를
	據	의지할
	拒	막을
건	健	굳셀
	件	물건
걸	傑	준걸
검	儉	검소할
	劍	칼
	檢	검사할
게	憩	쉴
격	格	격식
	擊	칠

	激	심할
견	遣	보낼
	絹	비단
	肩	어깨
결	缺	이지러질
겸	兼	겸할
	謙	겸손할
경	境	지경
	警	경계할
	頃	잠깐
	鏡	거울
	傾	가파를
	硬	단단할
	竟	마칠
	徑	지름길
	卿	벼슬
계	啓	열
	契	문서
	械	기계
	繼	이을
	系	맬
	戒	경계할
	係	맬
	階	섬돌
	桂	계수나무
고	枯	마른나무
	雇	머슴
	顧	돌아볼
	庫	창고
	鼓	북
	孤	외로울
	姑	시어미
	稿	볏짚
곡	曲	굽을
	穀	곡식
	哭	울
곤	坤	땅
공	孔	구멍
	恭	공순할
	恐	두려울
	攻	칠
	供	베풀
	貢	바칠
과	戈	창
	瓜	외
	寡	홀어미
	誇	자랑할

곽	郭	외성
	廓	클
관	寬	너그러울
	冠	갓쓸
	館	집
	官	벼슬
	管	대롱
	慣	익을
	貫	꿸
광	鑛	덩이
괘	掛	걸
괴	塊	흙덩이
	壞	무너뜨릴
	愧	회화나무
	怪	기이할
교	矯	바를
	郊	들
	巧	공교할
	較	비교할
구	構	이룰
	俱	한가지
	驅	몰
	球	공
	具	갖출
	區	나눌
	拘	잡을
	丘	언덕
	苟	겨우
	狗	개
	懼	두려울
	鷗	갈매기
	龜	나라이름
국	局	판
	菊	국화
군	群	무리
굴	屈	굽을
궁	窮	다할
	宮	궁궐
권	卷	문서
	拳	주먹
궐	厥	그
귀	鬼	귀신
규	叫	부르짖을
	規	법
	閨	계집
균	菌	곰팡이
극	劇	심할

근	謹	삼갈
	斤	열여섯냥
	僅	겨우
금	錦	비단
	禽	새
	琴	거문고
급	級	등급
긍	肯	즐길
기	祈	빌
	忌	꺼릴
	棄	버릴
	欺	속일
	豈	어찌
	奇	이상할
	器	그릇
	騎	말탈
	旗	깃발
	機	틀
	紀	벼리
	寄	붙일
	企	바랄
	幾	경기
	飢	주릴
긴	緊	긴요할
나	那	어찌
낙	諾	허락할
납	納	들일
낭	娘	아씨
내	奈	어찌
	耐	견딜
녕	寧	편안
노	奴	종
	努	힘쓸
농	濃	진할
뇌	腦	골
	惱	고달플
니	泥	수렁
다	茶	차
단	檀	박달나무
	壇	제터
	斷	끊을
	段	층
	旦	아침
	團	둥글
담	擔	멜
	淡	맑을
	潭	연못

답	踏	밟을
	畓	논
당	糖	엿
	黨	무리
	唐	당나라
대	臺	집
	隊	떼
	帶	띠
	貸	빌릴
도	途	길
	稻	벼
	挑	이끌
	盜	도둑
	逃	도망할
	導	인도할
	桃	복숭아
	跳	뛸
	倒	거꾸러질
	渡	건널
	陶	질그릇
독	篤	도타울
	毒	독할
	督	거느릴
돈	豚	돼지
	敦	도타울
돌	突	부딪칠
동	凍	얼
	銅	구리
	桐	오동
둔	鈍	우둔할
라	羅	벌일
락	絡	이을
	洛	낙수
란	卵	알
	亂	어지러울
	蘭	난초
	欄	난간
	爛	촛불빛
람	覽	볼
	藍	쪽등롱
	濫	넘칠
랑	廊	결채
략	略	간략할
	掠	빼앗을
량	諒	믿을
	梁	들보
	糧	양식

	斯 이	蜂 벌	拍 손뼉칠	만 慢 게으를	려 慮 생각

斯 이
祀 제사
삭 削 깎을
朔 초하루
산 酸 실
삼 森 숲
상 詳 자세할
償 갚을
床 평상
像 모양
狀 형상
象 코끼리
裳 치마
桑 뽕나무
嘗 맛볼
祥 자세할
쌍 雙 짝
새 塞 변방
색 索 찾을
서 叙 베풀
緒 실마리
庶 무리
署 관청
徐 천천할
恕 용서할
석 析 나눌
釋 풀릴
선 旋 돌이킬
宣 베풀
禪 전위할
설 舌 혀
섭 涉 건널
소 蘇 깨어날
昭 맑을
騷 소동할
燒 태울
訴 송사할
召 부를
捕 쏠
疏 나물
疎 성길
속 束 묶을
屬 붙일
粟 조
손 損 덜
송 訟 송사할
頌 칭송할

蜂 벌
鳳 봉황
부 符 병부
赴 다다를
賦 구실
膚 살
簿 문서
副 버금
付 부칠
負 질
附 붙일
府 마을
腐 썩을
분 墳 무덤
奔 달아날
紛 분잡할
憤 분할
粉 가루
奮 떨칠
불 拂 떨칠
弗 아닐
붕 崩 산무너질
비 費 허비할
祕 비밀할
婢 계집종
肥 살찔
卑 낮을
批 밀칠
妃 짝
碑 비석
빈 賓 손님
頻 자주
빙 聘 부를
사 蛇 뱀
詞 말
捨 버릴
邪 간사할
賜 줄
斜 비낄
詐 속일
社 사직
沙 모래
司 맡을
似 같을
査 조사할
寫 글씨
辭 말씀

拍 손뼉칠
泊 정박할
반 盤 소반
返 돌아올
班 나눌
叛 배반할
般 일반
발 髮 머리카락
拔 뺄
방 芳 꽃다울
傍 곁
妨 해로울
邦 나라
倣 본받을
배 倍 곱
培 북돋울
配 짝
輩 무리
背 등
排 떠밀
백 伯 맏
柏 측백나무
번 煩 민망할
繁 성할
翻 뒤칠
벌 罰 벌줄
범 犯 범할
範 법
氾 넘칠
벽 壁 벽
碧 푸를
甓 바람
변 辯 말잘할
邊 가
辨 분별할
遍 두루
병 並 짝할
屏 병풍
보 寶 보배
普 넓을
補 기울
譜 족보
복 卜 점칠
腹 배
複 겹옷
봉 封 봉할
峯 봉우리

만 慢 게으를
蠻 오랑캐
漫 부질없을
망 茫 망망할
妄 망녕될
罔 없을
매 梅 매화나무
埋 묻을
媒 중매
맥 脈 맥
맹 孟 맏
盟 맹약
盲 어두울
猛 날랠
면 綿 솜
멸 滅 멸할
명 冥 어두울
銘 새길
貌 얼굴
모 某 아무
謀 꾀
模 법
募 모을
慕 생각할
矛 세모진창
목 牧 기를
沐 목욕할
睦 화목할
몰 沒 빠질
몽 夢 꿈
蒙 어릴
묘 墓 무덤
廟 사당
苗 싹
무 貿 무역할
霧 안개
묵 默 잠잠할
미 眉 눈썹
迷 미혹할
微 적을
민 敏 민첩할
憫 딱할
밀 蜜 꿀
박 博 넓을
朴 한
薄 엷을
迫 핍박할

려 慮 생각
麗 고울
勵 가다듬을
력 曆 달력
련 鍊 단련할
燐 불쌍할
聯 이을
戀 사랑할
련 蓮 연밥
렬 裂 찢어질
劣 용렬할
렴 廉 청렴할
령 靈 무당
零 떨어질
嶺 고개
로 爐 화로
록 綠 녹봉
錄 기록할
鹿 사슴
롱 弄 희롱할
뢰 雷 우뢰
賴 힘입을
료 了 마칠
룡 龍 용
루 累 여러
淚 눈물
樓 다락
漏 샐
屢 여러
류 類 같을
륜 輪 바퀴
률 栗 밤
率 비율
릉 隆 높을
陵 능
리 離 떠날
裏 속
梨 배
履 신
李 오얏
吏 아전
린 隣 이웃
림 臨 다다를
마 磨 갈
麻 삼
막 幕 장막
漠 아득할

음	漢字	뜻
전	專	오로지
	轉	구를
절	折	먹을
	切	벨
점	漸	점찍을
	占	점칠
	點	점
접	蝶	나비
정	亭	정자
	訂	고칠
	廷	조정
	程	정도
	征	칠
	整	가지런할
제	提	들
	齊	제나라
	際	사귈
	濟	건질
	制	마를
	堤	막을
조	租	구실
	組	인끈
	條	끝가사
	潮	밀물
	照	비칠
	操	잡을
	燥	마를
	弔	조상할
졸	拙	못날
종	縱	세로
좌	佐	도울
	座	자리
주	舟	배
	周	두루
	州	고을
	洲	물가
	株	뿌리
	柱	기둥
준	準	법
	俊	준걸
	遵	쫓을
중	仲	버금
증	憎	미워할
	症	병증세
	贈	줄
	蒸	찔
지	池	못
익	翼	날개
인	刃	칼날
	姻	혼인
일	逸	놓일
임	任	맡길
	賃	빌릴
자	資	재물
	姿	맵시
	刺	찌를
	茲	이
	雌	암컷
	紫	자주빛
	恣	방자할
작	酌	술
	爵	벼슬
잔	殘	나머지
잠	潛	잠길
	蠶	누에
	暫	잠간
잡	雜	섞을
장	丈	길
	障	막힐
	臟	내장
	獎	도울
	張	베풀
	裝	꾸밀
	藏	감출
	帳	휘장
	腸	창자
	葬	묻을
	莊	씩씩할
	粧	단장할
	掌	손바닥
재	災	재앙
	裁	마름질할
	載	실을
저	底	밑
	抵	다다를
적	滴	물방울
	寂	고요할
	籍	호적
	積	쌓을
	績	길쌈
	賊	도덕
	摘	딸
	蹟	사적
	笛	피리
옹	翁	늙은이
완	緩	늘어질
외	畏	두려울
요	搖	흔들
	謠	노래
	腰	허리
	遙	멀
욕	辱	욕될
	慾	욕심
용	庸	떳떳할
우	羽	깃
	愚	어리석을
	優	넉넉할
	郵	우편
	偶	짝
운	韻	울림
원	員	사람
	援	구원할
	源	근원
	院	집
월	越	넘을
위	僞	거짓
	緯	씨
	胃	밥통
	圍	에워쌀
	委	맡길
	衛	호위할
	違	어길
	慰	위로할
	謂	이를
유	猶	같을
	儒	선비
	幽	깊을
	惟	생각할
	維	맬
	乳	젖
	裕	넉넉할
	誘	꾀일
	悠	멀
윤	潤	윤택할
	閏	윤달
은	隱	숨을
음	淫	음탕할
	儀	거동
	疑	의심
	宜	마땅
이	夷	오랑캐
	鴈	기러기
알	謁	뵈일
압	壓	누를
앙	央	가운데
	殃	앙화
애	涯	물가
액	額	이마
	厄	재앙
야	耶	어조사
양	樣	모양
	壤	흙
	楊	버들
어	御	모실
억	抑	누를
언	焉	어찌
여	予	줄
	輿	수레
역	疫	병
	驛	역말
	役	부릴
	域	지경
	譯	번역할
연	燕	제비
	燃	불땔
	演	통할
	鉛	납
	延	미칠
	軟	부드러울
	沿	쫓을
	宴	잔치
	緣	인연
	鹽	소금
	染	물들일
영	影	그림자
	泳	헤엄칠
	營	진
	映	비칠
	詠	읊을
예	豫	미리
	譽	칭찬할
	銳	날카로울
오	嗚	탄식할
	娛	즐길
	汚	더러울
	梧	오동
옥	屋	집
	獄	우리
	誦	욀
쇄	刷	박을
	鎖	자물쇠
쇠	衰	쇠할
수	遂	드디어
	獸	짐승
	睡	잠
	輸	보낼
	殊	다를
	帥	장수
	需	음식
	隨	따를
	囚	가둘
숙	肅	엄숙할
	熟	익을
	孰	누구
순	循	돌
	盾	방패
	巡	돌
	瞬	눈깜작일
	旬	열흘
	脣	입술
	殉	따라죽을
술	術	재주
	述	지을
습	濕	젖을
	襲	덮칠
승	升	되
	昇	오를
	僧	중
시	侍	모실
	矢	살
식	飾	꾸밀
	息	숨쉴
신	伸	펼
	愼	삼가할
	晨	새벽
	尋	찾을
심	審	살필
아	芽	싹
	亞	다음
	雅	아담할
	阿	누구
	牙	어금니
	餓	굶주릴
악	岳	산
안	岸	언덕

환 丸	둥글
換	바꿀
環	고리
還	돌아올
황 荒	거칠
況	하물며
회 灰	재
悔	뉘우칠
懷	품을
獲	얻을
획 劃	그을
횡 橫	가로
효 曉	새벽
후 候	기후
喉	목구멍
휘 揮	빛날휘
輝	휘두를
휴 携	끌
흡 吸	마실
희 戲	희롱할
稀	드물
熙	빛날
噫	슬플

함 陷	빠질
항 航	배다닐
抗	항거할
巷	거리
港	항구
項	항목
해 奚	어찌
該	그
핵 核	씨
향 響	울릴
享	드릴
헌 獻	드릴
憲	법
軒	초헌
험 險	험할
驗	시험할
혁 革	가죽
현 顯	고을
縣	달릴
弦	활시위
懸	달릴
玄	감을
絃	풍류줄
혈 穴	구멍
협 脅	갈비
형 螢	반딧불
享	형통할
혜 慧	지혜
兮	어조사
호 互	서로
胡	어찌
護	호위할
豪	호걸
浩	넓을
毫	터럭끝
惑	미혹할
혼 魂	넋
昏	어두울
홀 忽	문득
홍 洪	넓을
弘	클
鴻	기러기
화 禾	벼
禍	재화
확 確	군을
擴	늘릴
穫	거둘

怠	게으를
殆	위태할
택 宅	집
擇	가릴
澤	못
토 吐	토할
兔	토끼
討	칠
痛	아플
통 透	트일
투 鬪	싸움
파 派	물갈래
播	헤칠
罷	파할
頗	자못
판 判	쪼갤
板	널조각
販	팔
版	조각
편 編	엮을
평 評	평론할
폐 肺	허파
弊	헤칠
廢	버릴
蔽	가릴
幣	폐백
飽	배부를
포 浦	물가
包	꾸릴
捕	잡을
胞	배
폭 爆	불터질
幅	넓이
표 票	문서
標	표할
漂	빨래할
피 疲	피곤할
被	입을
避	피할
필 畢	마칠
하 荷	짐
鶴	두루미
한 汗	땀
旱	가물
할 割	벨
함 咸	다
含	머금을

秒	가릴
肖	같을
礎	주추
촉 促	재촉할
燭	촛불
髑	부딪칠
총 銃	총
總	거느릴
추 抽	뽑을
醜	미울
축 築	쌓을
蓄	모을
畜	기를
縮	줄어들
逐	쫓을
충 衝	부딪칠
취 臭	냄새
醉	취할
趣	재미
측 側	곁
測	샐
층 層	층계
치 稚	어릴
恥	욕될
置	둘
値	값
칠 七	일곱
漆	옷칠할
침 枕	베개
浸	적실
侵	침입할
寢	잠잘
沈	잠길
칭 稱	일컫을
타 妥	편안할
탁 濁	흐릴
托	밀
濯	씻을
琢	옥다듬을
탄 炭	숯
彈	퉁길
歎	탄식할
탈 奪	빼앗을
탐 貪	탐할
탑 塔	탑
탕 湯	끓일
태 態	태도

誌	기록할
智	지혜
지 遲	더딜
직 職	벼슬
織	짤
진 陣	영문
振	진동할
鎭	진압할
珍	보배
陳	묵을
질 疾	병
姪	조카
秩	차례
징 徵	거둘
懲	징계할
차 差	다를
착 着	붙을
錯	섞일
捉	잡을
찬 贊	도울
讚	기릴
참 慘	참혹할
慚	부끄러울
창 倉	곳집
蒼	푸를
創	다칠
滄	찰
暢	길
채 彩	빛날
債	빚질
책 策	꾀
처 悽	슬플
척 斥	내릴
拓	주울
戚	겨레
천 薦	천거할
遷	옮길
賤	천할
踐	밟을
철 哲	밝을
徹	통할
첨 添	더할
尖	뾰족할
妾	첩
청 廳	마루
替	대신할
초 超	뛰어날

펜글씨 숫자·속자
數字·俗字

숫자	漢字	俗字
1	一	壹
2	二	貳
3	三	參
4	四	四
5	五	伍
6	六	
7	七	
8	八	
9	九	
10	十	什
100	百	
1,000	千	
10,000	萬	
100,000	十萬	
1,000,000	百萬	
10,000,000	千萬	
100,000,000	億	

例

금사만팔천오백원정
₩48,500.

일금 사상참만이천오백원정

금삼억만사천원정
₩310,000,000.

일금 삼억 일천만원정

금오만육천이백오십원정
₩56,250.

일금 오만 육천이백오십원정

● 整

● 漢字 중에서 생활에 가장 많이 쓰이는 것이 數字이다. 많든 적든 일정액의 돈을 주고 받을 때 쓰는 영수증, 혹은 계산서 등의 표기 숫자가 이것이다.
① 액수를 적는 숫자는 ·金의 뒤에 바짝 붙여서 쓰고, 숫자 사이에 여백을 두지 않는다.
② 「원」은 한글로 표기한다.
③ 「整」자는 액수가 끝났다는 표기이므로 반드시 기입해야 한다.
③ 변조를 막기 위한 것이므로 같은 字의 俗字(속자) 중 어떤 것을 사용해도 무방하다.
④ 漢字가 잘 기억나지 않을 때는 한글로 표기해도 무방하다.

5체명필 한석봉 천자문

2018년 1월 10일 인쇄

2024년 12월 1일 2쇄 발행

편저자: 편집부

발행인: 유건희

발행처: 삼성서관

등록: 제18-71호

공급처: 가나북스 (경기도 파주시 율곡로 1406)

전화: 031-959-8833

팩스: 031-959-8834

정가: 15,000원